진 짜
나로
서기

진짜 나로서기

초판 1쇄 발행 2018년 8월 15일

지은이 | 김문재

펴낸이 | 김우연, 계명훈
편집 | 손일수
마케팅 | 함송이
경영지원 | 이보혜
디자인 | 디자인 그룹 올
인쇄 | RHK홀링스
펴낸 곳 | for book
주소 | 서울시 마포구 공덕동 105-219 정화빌딩 3층
출판 등록 | 2005년 8월 5일 제2-4209호
판매 문의 | 02-753-2700(에디터)

값 13,800원
ISBN 979-11-5900-046-1   03320

모건스탠리에서 나사NASA로

진 짜
나로
서기

김문재, 쓰다

for book

하루하루를 채워 가며 살 것인가, 소모하며 살 것인가

김영기(날라리데이브, 유튜버)

나는 스무 살이 되어서야 처음으로 대한민국이라는 땅에 발을 디뎠다. 그 어떤 비교도 받지 않는 느긋한 캘리포니아에서 10대를 온전히 자라 온 내게 한국의 공기는 매우 이색적이었다. 아무 것도 하지 않는 순간에조차 나를 감싸는 묘한 긴장감! 그런 공기 하나만으로도 치열함을 느끼고, 더 열심히 살아가고자 하는 자극을 받을 수 있을 것 같았다.

하지만 시간이 지날수록, 환경에 적응하면 할수록, 그 치열한 공기 이면에 꽤 어두운 현실이 숨어 있다는 것을 깨달았다. 자발적인 동기로 인한 치열함이 아니라, 도태되는 것에 대한 두려움, 남들과 같은 틀에서 발을 맞춰야 한다는 주입된 경쟁심이라는 걸 알게 된 것이다.

'환경이 사람을 만든다'라는 말이 있다. 자유롭게 살아왔던 나 역시 무엇을 배우는지조차 모르는 채로 편입 공부를 시작했다. 새벽 4시에 일어나 자정이 되어서야 잠이 드는 날들의 연속이었다. 그런 과정을 거쳐 흔히들 '명문대'라고 부르는 대학에 합격했고, 진학 후에도 여전히 남들과 보폭을 맞춰 가며 앞서거니 뒤서거니 하고 걸었다. 남들과 같은 공부를 하고, 같은 학교를 다니고, 같은 취업이라는 목표를 갖는 것도 모자라 행복까지도 똑같은 기준에 맞춰 가려고 노력하다니!

그러다 문득 내가 불행하다는 사실을 깨달았고, 과감히 중퇴를 선언했다. 남들이 돈을 벌 때, 벌지 못하더라도 그것에 연연하지 말자고 다짐했다. 그 무엇보다 행복을 좇을 수 있는 일과 상황을 만들어 나아가기로 나 자신에게 약속한 것이다. 그리고 수년간의 노력 끝에 지금은 누구에게도 간섭 받지 않고, 내가 원하는 방식대로 즐거움과 행복은 물론, 수입을 얻을 수 있는 능력을 가질 수 있게 되었다.

인생을 사는 방식에는 크게 두 가지 선택이 주어진다고 믿는다. 즐거운 일을 하며 하루하루 에너지를 받으며 살 것인가, 아니면 소모적인 일을 하며 하루하루 에너지만 써 대며 살 것인가. 내일을 기대하며 부푼 마음으로 잠이 들 것인가, 혹은 한껏 지쳐 잠이 들 것인가. 월요 일을 다짐 가득한 마음으로 시작할 것인가, 월요병을 앓으며 시작할 것인가. 물론 이것에 대해 모두가 전자는 꿈같은 삶이며, 후자가 현실 적인 삶이라고 말한다.

내가 처음 이 책의 저자를 만났을 때, 그 역시 후자의 삶을 살고 있 었다. 하지만 누구나 부러워 할 정도의 스타일과 능력을 가지고 있었 기 때문에 나는 그가 그토록 안정적인 삶의 코스에 변화를 줄 것이라 고 상상조차 하지 못했다. 모두가 부러워하고 칭찬하는 삶을 포기한 다? 누가 그럴 수 있겠는가.

나의 눈에도 저자의 행보는 조금 무모해 보였다. 누구도 무시할 수 없는 학벌과 세계적으로 인정받는 직장 및 연봉까지 많은 이들이 꿈처 럼 우러러보는 모든 요소를 갖추었는데 그것들을 포기한다? 사회적으 로 통용되는 행복의 정의에 자신이 생각하는 행복의 기준을 조금만 일 치시켜 나갔더라면 소위 '성공한 삶'의 본보기가 되었을 사람이었으니 말이다.

그런 그가 그토록 화려한 길을 과감히 떠나 왔다. 타인의 시선과 사회가 던져 준 안전망을 뒤로 한 채 자신 안에서 들려오는 내면의 목소리에 몸을 맡긴 셈이다. 삶이란 배를 타고 항해하는 과정에서 대부분의 사람들은 혹시라도 전복되지는 않을까 염려하며 과감히 키를 꺾지 못한다. 그러니 자칫 무모해 보일 수도 있었던 저자의 선택 뒤에는 분명 단단한 철학과 확신이 숨어 있었을 것이다. 바로 그 모든 진실한 이야기들이 책 속에 가득 담겨 있다.

현실의 틀을 부수고 나올 용기를 내지 못하는 사람들은 대부분, 사회가 말하는 주입식의 행복을 인정하며 살아간다. 마음 안에서는 끊임없이 '행복하지 않아!'라는 소리가 울리더라도! 바로 이런 갈망을 느껴본 사람들에게는 저자가 허심탄회하게 털어놓는 과거의 경험들이 큰 공감과 위안이 될 것이다.

턴 그리고 리셋, 과감한 삶의 변화를 원하지만 용기 내지 못하고 있는 이들이 분명히 있을 것이다. 물론 이 책은 '이렇게 살아야 한다, 저렇게 살아야 한다'는 식의 강압적인 메시지를 전달하지는 않는다. 다만 저자는 진솔하고도 담백한 경험을 이야기하며 아주 유니크하고도 자연스럽게 당신의 마음을 다독여 줄 것이다. 그러니 부디 많은 독자들이 이 책의 메시지에 공감하며 자신도 모르는 사이에 용기를 내고 있는 '나'와 만나게 되길 바란다.

그래야만, 행복하다면

내 손가락 끝에 아픈 가시로 박혀 있던 둘째였다.

남보다 좀 느리고, 덜 영리하고

또래 아이들과는 조금 다른 구석이 많았던,

그래서 엄마 마음 한쪽을 저리게 했던 아이였다.

그랬던 아이가 지금 내게 이런 글을 쓰게 하고 있다.

축하한다는 말 대신 고맙다고 할 참이다.

고맙다, 행복해 주어서 고맙다, 하고.

/

낯설고 두렵기도 했던 미국 땅에서 넘어지고 상처받기를

되풀이하면서도 잘 자라준 것이 늘 고마웠다.

게다가 '모건 스탠리'라는 번듯한 회사에 입사까지 했으니

엄마로서 한시름 놓은 것은 당연한 이치였다.

그런데 어느 날, 잘 다니고 있던 회사를 그만두겠다고 했다.

"아니, 왜? 그냥 다니지⋯⋯."

다시 공부를 해서 어렵게, 어렵게도 '나사'의 일원이 된 아이가

이번에는 또 나사를 그만두고 박사 학위에 도전하겠다고 했다.

내심 속이 상해서 역시 물었다.

"왜, 또?"

그러다 문득 어떤 기억 하나가 떠올랐다.

정확히 21년 전, 아이들을 데리고 미국으로 떠나 올 때

내 엄마가 나에게 던졌던 질문이었다.

"왜 가니? 지금도 충분히 좋은데⋯⋯."

/

그 똑같은 물음을 떠올리면서 나는

다시 또 언제든 무엇이든 아들이 내리는 결정에 대해

'왜?'라는 의문사 대신 찬사를 보낼 마음 준비를 한다.

그리고 말해 주고 싶다.

내 아이는 물론, 스스로를 향해 수없이 "왜"라고 묻고 있을

세상의 모든 젊은 친구들에게도!

뜻이 있으면 반드시 길이 있으니 주저하지 말고 나아가라고.

그래야만 행복하다면 그것이 무엇이든 그렇게 해보라고.

2018년 8월 어느 날, 김문재 엄마 정난식 씀

내가 원하는 삶을 산다는 것

책을 내겠다고 결정한 뒤 가장 먼저 다른 사람들이 쓴 자기계발서들을 찾아 읽었다. 그러자 걱정부터 앞섰다. 대부분의 책들이 전하려는 메시지가 서로 비슷했기 때문이다. '그렇다면 나는 무슨 이야기를 전할 수 있을까?' 한참을 고민하다가 어머니에게 지나치듯 물었다.

"엄마! 다들 똑같은 말을 하는데, 도대체 난 무슨 이야기를 쓰면 좋지?"

그러자 어머니가 쿨하게 답하셨다.

"그냥 너의 얘기를 쓰면 되지."

그 한 마디에 마음이 편안해졌다. 그렇다! 나는 내 이야기를 쓰면 그만이다. 남들의 삶, 남들의 이야기와 비교할 필요는 없는 거다.

그 어디에도 같은 인생이란 없다

하루를 살면서 반복적으로 하는 식사, 샤워, 설거지 같은 사소한 일들조차 각자의 방식과 패턴이 있고, 저마다 서로 다르게 유니크unique하다. 사는 환경, 성격, 취향과 지향점 등은 더더욱 그럴 테고. 그런데도 우리는 왜 자꾸만 '평균'에 맞추려고 노력하는 것일까? 남의 눈을 의식하면서 남이 입는 옷을 따라 입고, 남이 평가해 놓은 '좋은' 회사에 들어가기 위해 애를 쓰고, 남이 정해 놓은 '좋은' 삶을 따라가는 이유가 뭘까?

나는 '모건 스탠리'라는 회사의 일원이었다. 소위 남들이 말하는 좋은 회사에 들어갔으니, 내 삶의 모든 근심과 걱정이 없어지고 좋은 삶, 행복한 삶을 살게 될 줄 알았다. 물론 물질적으로는 당연히 풍부해졌다. 4달러짜리 햄버거 대신 10달러짜리 햄버거를 먹어도, 마트에서 파는 1달러짜리 캔 맥주 대신 레스토랑에서 파는 8달러짜리 수제 생맥주를 마셔도 문제될 것이 없었으니까. 게다가 "어디서 일해요?"라는 물음에 "모건 스탠리에 다녀요"라고 답했을 때, 상대방이 놀라는 표정을 짓거나 부러움 섞인 반응을 보이면 괜히 우쭐해지기도 했었다.

이상하다, 왜 행복하지가 않지?

그런데 입사 후 수개월이 지나자 모건 스탠리에서 일하는 것에 대한 만족감이 서서히 줄어들기 시작했다. 바깥세상은 우리들을 부러워했지만, 회사 안에서 서로를 바라볼 때는 그런 느낌이 들지 않았다. '왜 그럴까?' 하는 의문이 들기 시작했다. 하지만 영향력 있는 회사에 소속되어 있다는 이유로 지급되는 월급과 거기에서 비롯되는 만족감으로 나 자신을 위로할 뿐이었다.

웃기지 않은가? 하루 24시간 중 10시간 넘게 일하면서도 의미 깊은 성취감을 느끼지 못하고, 그러는 와중에 '회사'라는 전쟁터에서 버티기 힘들 정도의 스트레스를 받는다. 아침에는 출근하기 싫고, 출근해서는 하는 일에 큰 매력을 못 느낀다. 그럼에도 불구하고 그 10시간을 회사에서 보내는 이유는 10시간 후의 시간을 기대하며 조금 더 비싼 음식과 술을 위해, 그리고 사람들이 나를 바라보는 시선으로부터 얻는 만족감을 위해 생활한다.

이것이 과연 세상 사람들이 말하는 '좋은' 삶일까?

이런 생각들이 '나는 왜 여기서 일하는가?'라는 생각을 갖게 하였고, 오랫동안 그에 대한 답을 찾지 못했다.

선배들과 이런 이야기를 해보면, "인생이 다 그런 거지 뭐. 그래도 이게 좋은 줄 알아!"라고 말했다. 그리고 다들 한 번씩 생각해 보는 문제이고, 마음 같아서는 그만두고 다른 일을 해보고 싶다고도 했다. 하지만 그 누구도 그만두지 않았고, 그 이유는 너무나 당연했다. 회사 밖 생활에서 오는 쾌감과 편리함, 익숙해져 있는 안전망safety net에서 벗어나는 것에 대한 두려움, 그리고 보장되지 않은 일에 따르는 위험들 때문이었다.

'좋은 인생'이란 그런 것인 줄 알았다

모건 스탠리에서의 6년. 그 즈음이 되자, 월급은 입사 초기에 비해 두 배로 올라갔다. 하지만 내가 느끼는 만족도나 삶의 질은 결코 두 배가 되지 않았다. 오히려 시간이 지나면 지날수록 이런 의문만 커져 갔다.

'이런 게 보통의 삶이라면, 왜 그래야 하지?'

'나는 누굴 위해서 보통의 삶을 살고 있지?'

'이렇게 공허한 것을 보면 나를 위한 삶은 아닌 것 같은데.'

'혹시 부모님을 위해서? 하지만 부모님이 원하시는 건 그 누구보다 행복한 삶을 사는 아들일 텐데……'

'그럼, 사회를 위해? 내가 증권맨으로 살아간다는 것이 사회에 도움이 되는 건 없다.'

'아니면 회사를 위해? 헐, 내가 회사를 위해 살아야 해?'

'그럼, 회사는 누굴 위한 거지? 'First class business for first class clients'라는 모토를 가진 회사니까, 클라이언트를 위해 사는 건가?'

'나는 나를 위해 살고 싶은데……'

생각이 여기에 이르자 혼돈이 왔다. 바깥사람들은 '좋은' 학교, '좋은' 직장을 가졌으니 '좋은' 삶이라고 치켜세우는데, 나는 고객님을 위해 살고 있다니. 이 얼마나 이상한 삶인가. 물론 회사 내의 모든 사람들이 나와 같은 생각을 하는 것은 아니었다. 모건 스탠리 안에도 자신에게 주어진 업무를 열정적으로 수행하면서 행복을 느끼는 직원도 많았다. 하지만 중요한 건, 내가 그런 사람들 중의 하나는 아니었다는 사실이다.

변화가 필요했다. 바로 지금 달라져야 한다고 나 스스로에게 말했다. 지금의 내가 앞으로의 '나'에 비해 잃을 게 훨씬 적을 테니까!

내 삶의 우주를 찾아 나서는 일

결론부터 말하자면 나는 지금 NASA에서 일한다. 증권맨이 우주로? 그러는 동안 얼마나 많은 우여곡절을 겪었을지 충분히 짐작될 것이다. 보통의 삶을 벗어던지고 나의 길을 가겠다고 결정한 대가(?)를 치러야 할 때도 많았다. 하지만 이것만은 분명했다. 진정으로 내가 원하는 삶을 살아 보기 위해 뛰었던 그 시간들이 모건 스탠리에서 보냈던 삶보다 더 즐겁고 행복했다. 이제 드디어 내 인생에서 무엇인가를, 진짜로 내가 원하는 것을, 그것도 오직 나만을 위해서 하기 시작했다는 느낌이 들어서였다.

만 29세에 모건 스탠리의 과장이었던 내가 회사를 그만두고 대학원에 입학해서 우주정책을 공부하겠다고 말했을 때, 주변 사람들은 약속이라도 한 듯 똑같이 물었다.

"왜? 그쪽이 돈 더 잘 벌어?"

"네 나이가 벌써 서른인데, 결혼은 언제 하려고?"

"넌 이미 과장인데, 그걸 왜 해? 혹시 나사에라도 갈 생각인 거야? 꿈 깨!"

물론, 그들의 생각이 틀린 것은 아니다. 그때 그 자리에 계속 머물러 있었다고 해도 그리 불행한 삶을 살지 않았을 수 있다. 모건 스탠리에서 경력을 쌓은 후 다른 회사로 옮겨서 연봉이 더 올랐을 수 있고, 사랑하는 사람과 결혼해서 좋은 남편과 좋은 아빠가 되었을 수도 있다. 허무하다고 느끼며 살기는 해도 한 회사의 직원, 한 여성의 남편, 그리고 한 아이의 아빠로서 그냥 그렇게 살아가는 것에 만족감을 느꼈을 수도 있을 테니까.

하지만 만약 내가 그렇게만 살았다면, 자신의 꿈을 찾아 도전조차 해보지 않은 사람이 되었을 테고, 나사에서 일할 수 없었을 것이며, 이 책을 쓸 기회도 없었을 것이다.

오늘부터는 그 누가 아닌 나를 위해서

인생에 옳은 과정은 없다. 나도 그랬지만, 이 책을 펼친 독자들도 이런 말을 자주 들었을 것이다.

"남자로 태어나면 ~을 해야지."

"여자로 태어나면 ~을 해야지."

"고등학교를 졸업하면 좋은 대학을 가야지."

"좋은 대학의 특정 학과가 취업하기 좋으니까 그것을 공부해야지."

"대학을 졸업하면 좋은 회사에 들어가야지."

"좋은 회사에 들어가서 나이가 차면 결혼해야지."

"결혼했으면 더 늙기 전에 아이를 낳아야지."

사람은 저마다 자기 인생을 살아야 하는데, 왜 인생을 사는 방법과 행복의 기준을 평준화해야 하는가? 말이 안 된다.

평준화 된 삶의 방식을 거부하고 변화를 선택한 나는 그 어떤 것보다 내 꿈에 대해 말할 수 있게 되었다는 점이 가장 기쁘다. 언제일지는 모르지만 세상에 태어날 내 자식에게 꿈을 찾아 도전해 보라고 얘기해 줄 수 있을 것이다. 꿈을 꾸면서 도전하는 삶이 얼마나 짜릿한지를 누구에게든 당당하게 말해 줄 수도 있을 것이다. 그리고 그 누구보다 나 자신에게 '잘했어!' 하고 말할 수 있는 내가 되었으니…… 됐다.

이 책을 읽고 있는 독자들도 세상이 만들어 낸 평준화 된 삶이 아닌, 자신만의 꿈을 꾸고 그 꿈에 도전하는 삶이 얼마나 행복한지를 직접 경험해 보았으면 좋겠다. 그러기 위해서 가장 먼저 아주 진지한 목소리로 스스로를 향해 이런 물음을 던져 보기 바란다.

'지금 나는 무엇을 하고 싶은가?' 하고.

Thanks to my mom, dads, brothers and sister. Also, thanks to my toughest critic, IA. Lastly, thanks to everyone who has helped me to be me; you know who you are. One love.

2018년 8월

미국 워싱턴 D.C.에서 김문재

차례 |

01 열등생에게도 반전은 있다

04 드디어 꿈을 찾아 NASA로

05 꿈을 좇아 보니 보이는 것들

열등생에게도
반전은 있다

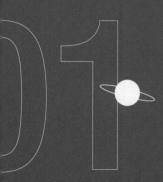

01

"Love the life you live.
Live the life you love."

본인이 살고 있는 삶을 사랑하라. 본인이 사랑하는 삶을 살아라.

– 밥 말리|Bob Marley

공부에는 영 재주가 없었던 아이

1997년 7월이었다. 나는 어머니 그리고 형과 함께 미국행 비행기에 올랐다. 그 길로 우리 세 식구는 어머니 지인이 살고 있던 미국 동부 버지니아 주에 새로운 터를 마련했다. 갑작스런 이민(?)인 셈이다. 아버지만 서울에 남게 됐는데, 아버지 역시 예기치 않은 '기러기 아빠'가 된 셈이다.

구구단도 제대로 못했던 초등 3학년

미국행은 형의 학업을 위한 선택이었다. 형은 어렸을 때부터 영재 소리를 듣고 자랄 정도로 성적이 매우 뛰어났다. 반면 나는 공부에는 소질이 없었던 아이였다. 글 읽는 것도 유치원 졸업 즈음에 배웠을 만큼 공부와는 거리가 먼 편이었다. 초등학교 3학년 때는 구구단을 못

외워서 방과 후 수업을 들을 정도였다. 덕분에 도시락을 두 개나 싸들고 등교해야 했다.

그때를 되돌아보면 공부를 잘 해야 할 동기가 없었다. 형이 워낙 똑똑했기에 부모님은 이런 말씀을 하시곤 했다.

"형이 공부를 잘하니까, 너는 하고 싶은 걸 하면서 살아도 된단다."

몇 년 전에는 어머니로부터 적잖게 놀랐던 얘기를 듣기도 했다. 형이 초등학교에 다닐 때 공부하기가 너무 힘들었던지 "이 세상 공부는 자기가 다 할 테니, 문재에게는 공부를 강요하지 말았으면 좋겠다."며 부모님 앞에서 울면서 애원했다고 한다. 그 이후로 부모님은 공부는 첫째인 형에게만 신경 쓰고, 둘째인 내게는 본인이 하고 싶은 일을 하도록 키우기로 생각하셨다고 했다.

그 때문이었는지 나는 국어, 영어, 수학 학원을 다니지 않았다. 대신 수영, 축구, 미술, 피아노 등의 예체능 관련 학원을 주로 다녔다. 딱히 예체능에 소질이 있었던 건 아니었지만, 앉아서 하는 공부보다는 몸을 움직이면서 배우는 과목을 좋아했었다. 솔직히 말하자면 억지로 지식을 머리에 집어넣는 데에는 재능이 없었다.

"문재는 미국에서 오히려 잘 할 수 있어요."

초등학교 때 전교회장까지 했던 형에게 더 큰 무대를 만들어 주고 싶었던 어머니는 고민 끝에 미국행을 결심하셨다. 하지만 큰아들만 데리고 갈 수 없었기에 나까지 데려가게 되었다. 어찌 보면, '원플러스원' 의 사은품처럼 미국에 간 셈이다.

초등학교 5학년 1학기 마지막 날이었다. 미국행 절차를 밟기 위해 어머니께서 학교에 오셨다. 그때 담임 선생님과의 면담에서 들었던 말 씀 중에 아직까지도 생생하게 기억나는 얘기가 있다. 공부를 워낙 싫 어하는 데다 말썽만 부리는 나에 대해 선생님은 이런 말씀을 하셨다.

"문재 같은 아이는 오히려 미국에서는 잘 할 수도 있어요."

선생님이 보시기에 한국에서의 내 미래는 그리 밝지 않다는 뉘앙스 로 들렸다.

한 달 만에 처음 사귄 미국인 친구 도움으로

　　버지니아 주에서의 학교생활은 당혹감으로 시작됐다. 우선 미국 학교가 확실한데, 한국 학생들이 상당히 많았다는 점이다. 버지니아 주 북부에 위치한 도시 페어팩스Fairfax가 학군이 좋다는 소문이 나서 한인들이 많이 모여 산다는 사실을 나중에 알았다.

　　보통 미국 공립학교에는 영어가 모국어가 아닌 이민자들을 대상으로 영어 학습을 도와주는 ESL(English as Second Language) 프로그램이 있다. 이 프로그램에 참여하여 어느 정도 영어에 익숙해졌다고 판단이 되면 원어민들과 같이 수업을 듣게 되는 구조였다.

여기서는 영어를 배울 수 없다

　　나 역시도 입학과 함께 ESL 프로그램에 등록됐다. 당시 그 반에는 동갑내기 한국 친구들이 몇 명 있었다. 그런데 자연스레 그 친구들과 어울리다 보니 수업 시간 외에는 영어를 사용할 필요가 없었다. 영어에 익숙하지 않은 우리들은 한국말로만 대화를 했다. 방과 후 시간에도 마찬가지였다.

중학생이었던 형은 상황이 더욱 심했던지 몇 주가 지나지 않아 어머니에게 "여기서는 영어를 배울 수 없을 것 같다."고 말했다. 교육을 위해 어렵게 미국행을 결심했던 어머니 입장에서도 난처한 일이었다. 우리 형제가 영어를 빨리 배우지 못하면 그만큼 뒤쳐진다고 생각하셨다. 이와 함께 IMF로 인한 경제적 어려움, 부모님의 이혼 문제 등이 겹치면서 상황은 더욱 악화됐다. 결국 메릴랜드 주로 이사를 가게 됐다. 이렇게 이민 생활 1년차부터 난관에 봉착하게 됐다.

야생말들이 돌아다니는 시골학교로

처음 정착했던 버지니아 주에서 차로 1시간 정도 거리의 메릴랜드 주 월도프Waldorf라는 동네는 확연히 달랐다. 조용하고 한적한 마을이었다. 가끔 길을 걷다 야생말들이 돌아다니는 광경을 볼 수 있는 시골이었다.

이곳 학교에서의 시작도 놀라움이었다. 한국인은커녕 동양인 자체를 아예 볼 수 없는 공립학교였던 것이다. 심지어 동양인을 처음 보는 학생들이 많아서 나를 보며 신기한 표정을 지었다. 입학 후 며칠 동안 말을 걸어 주는 친구가 전혀 없었다. 홀로 무료하고 답답한 시간을 보내야 했다. 게다가 외국인이 전혀 없는 동네였기에 ESL 프로그램도 없었다. 하는 수 없이 미국 아이들과 똑같은 커리큘럼으로 수업을 들을 수밖에 없었다.

한국과 달리 메릴랜드 주에서는 6학년 때부터 중학교를 다닌다. 그리고 한 교실에 앉아서 수업을 듣는 것이 아니라, 학생들이 과목별로 교실을 옮겨 다니며 수업을 듣는 시스템이었다. 등교 첫날, 어디로 어떻게 가야 한다는 설명을 이해하지 못해 허둥댔다. 복도에 있는 선생님들에게 다음 수업 교실을 손짓발짓 해가며 물어서 찾아갔다. 그렇게 며칠을 보낸 후에는 같은 교실로 가는 친구들 얼굴을 기억해 두었다가 뒤를 따라다녔다.

영어가 약해 음식 주문도 제대로 못하고

한국에서의 학교생활 중 그나마 가장 좋아했던 점심시간조차 미국에서는 버거운 시간이었다. 미국 학교의 급식은 그날의 메뉴가 하나로 정해져 있지 않다. 햄버거, 피자, 샌드위치 등 주 메뉴를 주문한 후 샐러드나 감자튀김 그리고 우유나 주스 중 하나를 선택하고 계산하는 방식이다.

당연히 이런 방식은 처음이었다. 등교 첫날, 피자를 주문했는데 햄버거를 받게 되었다. 거창한 문장으로 주문한 것도 아닌 'Pizza'라는 한 마디만 했는데, 그것조차 제대로 표현하지 못한 자신이 부끄러웠다. 그럴수록 영어가 더 힘들게만 느껴졌다. 더욱이 주문했던 것과 다른 음식을 받고서도 아무 말도 못한 채 그걸 먹어야 한다는 사실에 서러워졌다. 한창 즐거워야 할 열두 살 소년의 점심시간이 한없이 외롭기만 했다.

이런 생활을 2주 정도 하고 나니 한국이 너무나 그리웠다. 버지니아에 있을 때는 한국 사람들이 많아서 느끼지 못했던 모국에 대한 그리움 같은 것이 밀려들었다. 한국에 있는 친구들이 보고 싶어졌고 한국의 초등학교 정경이 눈앞에 아른거렸다. 친구들과 각종 놀이를 즐기며 종종 말썽을 일으켰던 개구쟁이 소년이 말 한 마디 없이 학교만 다니는 처지에 놓였으니 얼마나 답답했겠는가.

이런 학교 생활에 대해 어머니께 일일이 말씀 드리지는 않았다. 항상 우리 형제에게 모든 것을 맞춰 준비하시는 어머니 역시도 미국 생활 적응이 쉽지 않다는 것을 알고 있기에. 형과 나는 학교 생활이 어떠냐는 어머니 질문이 있을 때면 그냥 즐겁다고 둘러댔다.

만화를 보고 처음으로 말을 건넨 친구

당시 한국에 대한 그리움, 미국 생활에서 겪는 외로움을 견디기 위해 만화를 그리곤 했다. 그런 내게 처음으로 말을 건넨 친구가 생겼다. '마커스Marcus'라는 친구였다.

어느 날 홀로 점심을 먹고 카페테리아에서 그림을 그리고 있을 때였다. 지나가던 마커스가 말을 걸어 왔다. 영어가 익숙하지 않아 무슨 말을 하는지는 몰랐지만 자기를 '마커스'라고 소개했다. 그러곤 내가 그린 만화가 멋지다며 엄지를 들어 보였다. 그러면서 자신의 꿈이 만화가라고 말해 주었다. 특별하게 잘 그린 건 아니지만 동양 만화를 보고 자란 내 그림이 서양에서 자란 그의 그림과 많이 달라서 큰 흥미를 느꼈던 것 같다.

이런 첫 만남 이후 마커스와 나는 금세 친구가 되었다. 성격이 활발하고 영어가 모국어인 마커스가 주로 말을 했다. 나는 그의 말을 들으며 고개만 연신 끄덕이기 바빴다. 소통 수준이 단순했지만 열두 살 소년들이 우정을 쌓기에는 충분했다.

친구 덕분에 점차 외로움에서 벗어나

성격이 밝고 활달했던 마커스는 학교에 친구들이 많았다. 다른 친구들에게 소개하면서 내가 '코리아'라는 아시아 국가에서 왔고, 그림을 엄청 잘 그린다고 말했던 것 같다. 마커스 덕분에 많은 친구들을 사귀게 되었다. 동양인을 처음 보는 아이들은 호기심어린 질문을 쏟아냈다. 어디에 있는 나라인지, 무슨 음식을 먹는지, 다들 나처럼 머리가 까만색인지 등등. 그때는 아이들이 내게 말을 걸어 준다는 자체가 너무 고마웠다. 해서 서툰 영어와 한국말을 섞어 가며 열심히 설명해 주었다.

이후 아이들은 동양에서 온 나를 신기해했다. 그런 신비함 때문인지 먼저 말을 걸어 오는 때가 많아졌다. 시간이 지날수록 새로운 친구들이 점점 늘어났다. 그만큼 영어를 사용할 수 있는 기회도 많아졌다.

입학 후 한 달쯤 지났을 때는 마커스를 비롯해 편하게 어울리게 된 친구들이 제법 생겼다. 적막한 학교에서 느끼던 외로움이 점점 사라져 갔다. 마커스와의 만남이 없었다면, 어머니를 붙잡고 울면서 학교 생활의 서러움을 토해냈을지도 모를 일이다.

더 이상 상처받지 않기 위해서

친구들을 사귀면서 학교 생활의 외로움은 점차 사라져 갔다. 하지만 영어는 여전히 어려운 문제였다. 영어를 매일 접한다고 해도 몇 달 만에 쉽게 구사할 수 있는 게 아니었다. 주위에서 들려오는 말들을 대부분 이해할 수 없었다. 그러다 보니 최소한의 말만 하며 지내는 반쪽 생활 때문에 참으로 답답했다. 불편함은 이루 말할 수 없었다. 게다가 영어를 못하는 내 수준에 맞춰진 게 아니라, 미국 아이들에 맞춘 수업이었다. 수업 시간이 참으로 고통스러웠다. 듣는 둥 마는 둥 하다 집에 올 수밖에 없었다.

공부는 늘 형의 몫이었기에

그나마 다행인 것은 한국의 정규 교육보다 진도가 느린 점이었다.

그리고 영어가 부족해도 이해하기 쉬운 편인 수학 수업, 말을 하지 않아도 되는 미술 수업, 전 세계 아이들이 똑같이 뛰어놀 수 있는 체육 과목 등이 있어 숨통을 트이는 시간을 가질 수 있었다. 그래서 완전히 어리둥절한 시간만으로는 보내지 않았다.

사실 이때까지만 해도 공부를 해야겠다는 생각이 크지 않았다. 어차피 한국에서도 공부를 못했던 아이였기 때문이다. 한국에서도 그랬던 것처럼 점수는 중요하지 않았다. 공부는 형의 몫이었고, 나는 놀기만 해도 혼나지 않는 사은품(?)이었으니까.

이랬던 내게 큰 변화가 일어났다. 7학년(중학교 1학년)이 되었을 때의 일이다. 생물학 수업을 듣게 되었는데, 두 번째 수업 전에 선생님이 밖으로 부르셨다.

"Moon, I know you are wondering why you are here. We decided that it is best for you to stay in this class for a few months until your English improves. Then, once we think you are able to catch on, we can move you to the normal biology class."

"문, 아마 네가 왜 여기에 있는지 궁금해 할 거야. 네가 영어를 조금 더 터득할 때까지 앞으로 몇 달은 이 반에서 공부하는 게 좋을 것 같다고 선생님들이 결정했어. 네가 진도를 따라갈 수 있을 때, 정상적인 생물학 수업으로 옮겨 줄 거야."

정규 수업이 힘든 아이들을 모은 특수교육반

당시 영어를 제대로 못할 때여서 완전히 기억할 수는 없지만, 선생님 말씀은 대략 위와 같은 내용이었다. 선생님으로부터 이런 말을 들었을 때 처음에는 '노멀? 정상적인? 그럼, 지금은 노멀이 아니야?'라는 생각이 들었다. 그런데 선생님과 대화를 마치고 수업을 들어오고 나서야 그 말을 이해할 수 있었다. 그 반은 지적 장애가 있거나 정규 수업을 따라가기 힘든 아이들을 모아서 만든 특수교육Special Education 반이었다. 수업 첫날에는 '특이한 애들과 같이 수업을 듣는구나!'라고만 생각했지, 그런 시스템이 있다는 것조차 몰랐었다. 때문에 이 수업이 정상적이지 않다는 생각에는 미치지 않았었다.

오히려 그 반에 있던 아이들과의 대화가 간단해서 영어 소통이 더 쉬웠다. 또 수업 난이도가 낮았기에 진도 적응에 큰 어려움이 없었다. 그래서 내게는 문제가 되지 않았다.

특수교육반 아이들에게 놀림을 받고

미국에 온 지 1년이 된 후 영어가 아주 조금이나마 들리기 시작하면서 6학년 때는 몰랐던 학우들의 놀림을 알아채기 시작했다. 7학년 때 특수교육반 아이들로부터 큰 상처를 받은 일이 발생했다. 인간의 인체에 대해 배우는 시간이었다. 돌아가면서 소리 내어 교과서를 읽게 되었는데, 내 차례가 되었다. 읽어야 할 문단 중 처음 보는 'penis'라는 단어를 보고서 '페니스'라고 그냥 읽어 버렸다. 그 순간 아이들의 박장대소가 터졌다. 남자의 성기를 뜻하는 미국식 영어 발음은 '페니스'가 아닌 '피너스[pi:nɪs]'였던 것이었다.

이 일 이후 나는 특수교육반 아이들의 놀림 대상이 되고 말았다. 그들은 영어가 부족한 나를 놀리기에 바빴다. 특수교육반으로 오기 전 친구들은 비영어권 국가에서 온 내가 영어를 잘 못해도 이해하고 도와주었지만 그들은 달랐다. 그들은 이제 막 미국 학교에 조금씩 적응해 가고 있던 나를 다시 혼란에 빠뜨렸다.

또 한 번은 수업 도중 옆에 있는 여자아이가 "Moon, raise your hand and say 'I like to play with myself.'"

"문, 손들고 '저는 제 자신과 노는 게 좋아요('자위행위'를 일컫는 말)'라고 말해 봐"라고 했다.

무슨 말인지 못 알아듣자 손을 들라는 제스처를 취한 다음 종이에 'I like to play with myself.'라고 적어 주었다. 처음에는 그 뜻이 무엇인지 몰라 그냥 친해지려는 마음에 하라는 대로 했던 것인데, 반 전체 아이들이 나를 비웃고 조롱했다. 선생님은 주의를 주었지만, 그 말뜻을 이해하고 나서는 무척 화가 났다. 그런 조롱을 당하는 자신이 한심했다.

가끔은 자기들이 들어본 적도 없는 동방의 작은 나라를 무시하는 질문을 받기도 했다. "Do you have McDonald's there? Do you have cars? Do you have TV?" 이런 식이었다. 한국이 어떠한 나라인지 제대로 설명하며 반박하고 싶었지만 짧은 영어 실력이 야속했다. 분한 마음을 참기 어려웠다. 지옥이 따로 없었다.

위축된 생활 그리고 큰 실수

돌이켜 보면 놀리던 아이들이 내가 동양인이기 때문에 혹은 내가 싫어서 그랬던 것 같지는 않다. 그냥 사춘기 중학생들의 호기심 가득한 치기어린 장난이었던 것 같다. 그렇다 하더라도 당시에는 큰 상처를 받은 게 사실이고, 많은 시간 위축된 생활을 감내해야 했다.

위축된 생활은 또 다른 실수를 불렀다. 역시 7학년 때, 컴퓨터를 배우는 수업에서다. 자신이 원하는 문장을 타이핑해서 프린트 하는 것을 배우는 날인데, 예기치 않은 큰 실수를 하게 되었다. 이전에 집에 있던 형 컴퓨터로 워드프로세싱을 해본 적이 있는 터라 수업에 집중하지 않았던 것이다.

이상하게 그날은 미국에서 살고 있는 자체가 서러웠던지 1995년에 발매된 타이거JK의 솔로 1집에 있는 「Kid from Korea」라는 노래가 생각났다. 그리고 내 앞에 켜져 있던 워드프로세서에 "I am a kid from Korea. I speak no English. Stop making fun. Fuck you."라고 타이핑했다. 그것은 타이거JK 노래 가사도 아니고 문법적으로도 말이 안 되는, 게다가 욕설까지 들어 있었다. 소위 '멍'을 때리다 무심결에 그만 프린트를 클릭했다.

그때 선생님은 워드프로세서에 대해 설명하고 있는 중이었다. 당연히 프린트 하라는 지시를 내리지도 않은 상태였다. 그런데 프린터기가 난데없이 작동하니 놀랄 수밖에. 오 마이 갓! 선생님은 프린터가 있는 곳으로 걸어가셨다.

실수를 감싸 주신 따뜻한 선생님

'내가 무슨 일을 저지른 거지? 아 왜 그걸 눌렀지?'

자책하고 있는 와중에 선생님은 프린터로 출력된 종이를 보면서 "Oh my……"라고 하시고는 본인 입을 가리셨다. 중학교 1학년인 학생이 학교 컴퓨터로 대놓고 심한 욕을 썼으니……. 선생님은 경악했다. 그리고 학교 전체에 한국인은 나밖에 없었기에 프린트를 한 학생이 누군지는 불을 보듯 뻔한 상황.

선생님께서 잠깐 나오라고 하셨다. '아, 큰일 났구나……. 정학을 맞으면 엄마가 크게 실망하실 텐데. 아, 어떡하지…….' 선생님을 따라 교실을 나서면서 너무 걱정이 되어 눈물이 나왔다. 하지만 다행히도 걱정했던 일은 일어나지 않았다. 오히려 반전이 일어났다.

알고 보니 그 선생님은 어렸을 때 아프리카에서 이민을 오신 분이었다. 이민자로 살아가는 서러움을 누구보다 잘 이해했던 분이셨다. 그

분은 나를 그냥 꼭 안아 주시며 "It's okay, I know······ I know······."
라고 귀에 속삭여 주셨다. 그 말에 난 하염없이 눈물을 흘렸다. 선생님
의 따뜻한 마음에 그동안 쌓여 있던 서러운 마음이 다 녹는 듯했다. 그
렇게 내 만행(?)은 배려 깊은 선생님의 너그러운 처사로 무사히 수습
되었다.

그날 이후 난 더 이상 상처를 받지 않겠다고 마음먹었다. 선생님에
대한 고마움도 잊을 수 없었다. 상처 받지 않기 위해서는 일단 영어를
제대로 익혀야 했다. 공부 방식을 과감히 바꿔야 한다고 결심했다. 우
선 어머니가 시켜서 하는 공부가 아니라 나 자신을 위한 공부가 필요
하다고 생각했다. 방식을 바꾸었다기보다는 자발적으로 영어 공부를
시작했다는 말이 맞다. 학창 시절의 반전이 시작된 것이다.

열등반 학생에서
대통령상 수상자로

영어가 한참 딸렸던 나는 영어를 사용해야 할 때가 되면 늘 긴장 상태에 빠졌다. 주눅이 들고 머릿속이 하얘진 상태에서 대화를 했던 것이다. 그래서 대화 과정에서 대충 듣고 이해하는 부분만으로 입에서 나오는 대로 단어를 던지곤 했다. 그러곤 내가 원하는 메시지가 상대에게 전달되기를 바라는 식이었다. 그렇게 학교를 다녔다.

아주 조금씩 변화하고 있음을 느끼며

하교 시 스쿨버스가 안 보일 때 담당 선생님께 "Do you know where bus number 12 is?"라는 제대로 된 문장으로 말하지 못했다. 대신 "bus 12, where?"라는 식으로 말하곤 했다. 생각나는 단어를 툭 던지며 나열하는 식이었다. 그러면서도 영어를 더 깊이 이해한다거나 배우겠다는 생각을 하지 않았다.

영어를 빨리 터득해야 한다고 다짐한 이후로는 달라지기 시작했다. 아이들이 말하는 단어와 문장들에 조금 더 귀 기울이려고 노력했다. 또 상대의 발음을 신경 써서 들으려고 했다. 그런 다음 단어와 발음을 기억해 두었다가 그때그때 직접 사용해 가면서 머릿속에 하나하나씩 입력했다. 물론 이렇게 한다고 해서 금세 영어 실력이 늘지는 않았다. 몇 달 동안은 여전히 어려웠다. 수업 진도를 따라가기에 벅찼다. 그렇지만 아주 조금씩 변화하고 있음을 느낄 수 있었다. 한번 해보자는 오기도 무럭무럭 자라났다.

7학년 3학기(미국 공교육은 쿼터제로 1년에 학기를 4개로 나눔)의 첫날이었다. 담임 선생님home room teacher이 생물학 수업을 기존 특수교육반이 아닌 다른 교실에서 받으라고 했다. 그 교실은 정상적인 생물학 수업이 이루어지는 반이었다. 엄청 기뻤던 기억이 아직도 생생하다. 영어가 늘었다는 걸 증명해 준 첫 신호가 아닌가. 특수교육반은 영어가 부족한 나에게도 너무나 쉬운 커리큘럼이었다. 게다가 반 년 동안 영어 듣기, 읽기, 쓰기가 발전하고 있다는 것을 파악한 선생님이 결단을 내린 것이었다.

뒤늦게 영어의 문장을 이해하다

이후 매일같이 미국 아이들과 어울리면서 영어 발음과 새로운 단어에 집중하는 노력을 1년 정도 계속한 결과, 7학년이 끝나갈 즈음엔 영어가 귀에 들어오기 시작했다. 7학년 영어 수업 시간. 한 번은 선생님이 칠판에 'Noun + Verb = Sentence'라고 써 놓은 것이 인상 깊게 머릿속에 박혔다.

그날의 수업은 문장 만드는 방법에 관한 수업이었다. 선생님은 동사와 명사가 없으면 문장이 아니라고 설명했다. 그 다음 수업에는 Direct Object(직접 목적어)에 대해 배웠다. 수업의 전체 내용을 충분히 이해한 상태는 아니었지만, 그 수업들을 통해 문장의 구성과 단어의 시제의 차이점이 있다는 것을 조금 이해하게 되었다. 아마 한국 학생들은 초등학교 고학년 때 이런 것을 배우겠지만, 앞서 말했듯이 나는 공부에 관심도 없었고 딱히 영어 학원을 다니지 않았었다.

이때부터 단어만 뽑아서 이해하려고 했던 방식에서 앞뒤로 오는 단어들과 연관시키면서 영어를 문장으로 이해하기 시작했다. 예를 들어, 예전에는 "Do you want to play soccer?"라는 말을 들었을 때 'play'와 'soccer'라는 단어들 그리고 질문을 할 때 끝을 올리는 인토네이션만 듣고 "축구 할래?"라고 알아들었다. 하지만 문장을 어느 정도 이해하고부터는 앞에 있는 'Do you want to'를 함께 들을 수 있게 되었다.

변화가 시작되면서 듣기의 폭이 넓어졌다. 자연스레 친구들이 하는 말과 선생님이 가르치는 개념을 쉽게 이해할 수 있게 되었다. 그리고 또 1년이 지나 8학년이 되었을 때는 내 생각을 영어로 자연스럽게 표현할 정도로 성장했다.

영어 대화를 할 때면 늘 긴장을 하고 의기소침해진 상태에서 생각나는 단어들만 던졌던 내가 완전히 바뀌기 시작했다. 8학년 때, 영어 선생님(미국에서는 국어 선생님)이 나를 따로 부르셨다.

"Moon, other students can only speak English. But, you speak Korean and a little bit of English. That's amazing and it means you are smarter than the other students. So, don't be shy to speak English. Even if you are wrong, everyone understands. And, the more you use it, the better you are going to get. You are already getting better!"

"문, 다른 학생들은 영어밖에 못하는데 너는 한국말도 하고 영어도 조금 하잖아. 그건 대단한 거고, 다른 애들보다 똑똑하다는 거야. 그러니 영어를 쓰는 것에 부끄러워하지 마. 네가 틀려도 무슨 말을 하는지 다 알아들어. 그리고 네가 쓰면 쓸수록, 더 잘하게 될 거야. 지금도 많이 좋아지고 있잖아!"

이 세상에 멍청한 질문은 없다

선생님의 말씀은 포근했다. 영어를 잘 하지 못하는 것에 대해 부끄러움을 덜어내는 데 큰 힘이 됐다. 선생님의 격려를 받으며 영어를 자신감 있게 사용하려고 노력했다. 8학년이 끝날 무렵에는 영어 표현이 조금 더 수월하고 자연스럽게 바뀌었다.

고등학교 과정이 시작되는 9학년이 되기 전까지도 영어가 완벽하지는 않았다. 하지만 수업 시간 질문이나 친구들과의 대화에서 내 의사를 분명하게 전달할 수 있게 되었다. 무엇보다 중요한 건, 음식을 주문할 때 잘못된 주문을 교환할 수 있게 된 점이다. 영어에 대한 자신감이 갈수록 커져 갔다. 이렇게 자신감이 높아지고, 노력을 계속하다 보니 영어 대화는 물론 공부까지 잘하는 학생으로 변모해 갔다. 놀라운 일이었다.

미국 교사들이 가장 많이 하는 말 중에 "멍청한 질문은 없다.There is no stupid question."라는 말이 있다. 이해하기 위한 질문 중에 멍청한 질문은 없으니, 머릿속에 떠오르는 것이 있다면 질문을 바로 하라는 의미다. 나는 이 말이 너무 맘에 들었다. 학교 생활을 하는 동안 이를 행동으로 옮기는 데 혼신의 노력을 기울였다.

아예 이해를 못한 부분에선 "선생님 그거 다시 설명해 주실 수 있어요?Could you please explain that, again?"라는 기본적인 질문도 많이 했다. 또 중요한 단어를 놓쳤다는 생각이 들면 "죄송한데 더하라고 하셨어요, 아님 빼라고 하셨어요? Sorry, did you add or subtract?"라고 질문했다. 영어를 잘하면 당연히 이해했을 내용조차 창피함을 무릅쓰고 물어본 것이다. 누구에게는 질문조차 할 필요가 없는 당연한 것이라도 필요하면 질문하고 또 질문했다. 이 세상에 멍청한 질문은 없으니까.

이해하지 못하는 게 있으면 주저 없이 질문

미국의 공교육은 지식을 외워서 터득하는 방식보다는 전반적인 개념을 탄탄히 이해하고 응용하면서 배워 나가는 시스템이다. 예를 들어, 수학 시간에는 구구단을 외우는 것처럼 방정식을 외우는 방식 대신 계산기를 사용할 수 있다. 중요한 개념을 이해시키는 방식으로 수업을 진행하고, 숙제로 그날 배운 개념을 응용하여 문제를 푼다. 나는 부족한 영어 듣기 실력을 보강하기 위해 한 단어 한 단어 집중해서 들었다. 그리고 선생님이 내가 이해하지 못하는 말을 하면 주저하지 않고 손을 들고 물어보았다.

다만 내가 했던 질문은 특정한 과목의 개념을 이해하기 위해서라기보다 영어를 더 잘 이해하기 위한 노력의 일환이었다. 이렇게 집중해서 수업을 듣다 보니, 부가적으로 특정 과목의 이해도 높아졌다. 그리고 수업에서 가르치는 개념을 이해하고 집에 돌아오면, 숙제로 내준 문제를 푸는 것이 어렵지 않았다. 다만 정답을 영어로 정확하게 작성하는 데 많은 시간이 걸렸을 뿐이다.

기적 같은 일, 대통령상을 수상하다

내 나름의 공부법을 활용해서 지속적으로 공부하다 보니, 중학교 마지막 과정인 8학년이 끝나는 2000년에 클린턴 대통령상을 받게 되었다. 놀라운 일이었다. 기적이었다. 상을 받는 당일까지도 대통령상이 있다는 것을 몰랐다. 더군다나 내가 그 상을 받으리라고는 상상조차 할 수가 없었다.

한국에서 대통령상이라 하면 아마도 전교 1등처럼 공부를 엄청 잘하는 학생들에게만 주어지는 것으로 생각될 것이다. 하지만 미국의 대통령상은 한국과는 사뭇 다르다. 공립 초중고생을 대상으로 매년 각 학교당 학년에 상관없이 적게는 1명 많게는 10명 정도에게 대통령상을 수여한다. 성적, 운동, 방과 후 활동, 봉사활동 그리고 개인적인 발전 등 포괄적인 평가 기준을 통해 한 분야에 특출한 학생에게 주는 상이다. 그러므로 무조건 전교 1등이라고 해서 주어지는 상은 아니다.

나보다 성적이 좋고, 공부를 잘하는 학생들이 수두룩했지만 3년 동안 나를 지켜보았던 선생님들이 꾸준히 노력해서 성장한 내 노력과 의지 그리고 성취 정도를 높이 평가해 주셨다.

갓 이민을 왔을 때는 영어 한 마디를 제대로 못했던 아이. 수업을 따라가지 못해 특수교육반에서 수업을 들어야 했던 아이. 같은 반 아이들의 놀림을 받고도 그걸 이해조차 못해 큰 상처를 받았던 동양인 아이. 그 아이가 어느 순간부터 변하기 시작해 수업에서 질문을 하고, 문장을 구사할 줄 알고, 자기표현을 자신감 있게 하는 학생으로 성장한 것이다. 게다가 우수한 성적까지 받아낼 정도로 학업 성취가 눈부실 정도였다며 선생님들의 후한 평가가 이어진 것이다. 선생님들도 나의 변화를 신기해했고, 당연히 2000년도 대통령상은 "문킴이 받아야 한다."고 추천했다고 한다.

대통령상을 받고 나서 신기한 생각이 들었다. 선생님들이 3년 동안 나를 그렇게 주의 깊게 관찰했단 말인가? 나는 책상에 붙어 앉아 열심히 공부하는 학생이 아니었다. 오후 3시에 학교가 끝나면, 동네 친구들과 축구를 하거나 자전거를 타고 놀았다. 저녁이 되면 가정의 소중함을 가르쳐 주고 싶으셨던 새아버지의 바람으로 저녁 6시쯤에 온 가족이 모여 저녁 식사를 함께하며 대화를 나누었다. 저녁 식사가 끝나고 자기 전까지 공부하는 시간은 1시간 정도뿐이었고, 그 외의 시간은 TV를 보거나 형들이랑 노는 시간이었다.

다만 달라진 점은 학교에서는 영어를 듣는 것에 집중했고, 이해가 안 될 때는 자신감을 가지고 질문을 했다. 그 순간에 영어를 못하는 내 자신을 창피해 하거나 미워하지 않으려 했다. 꾸준히 하면 더 잘할 수 있을 거라는 선생님의 말씀을 믿고 노력했다. 이러한 방식의 공부는 고등학교 재학 중 조지 W. 부시 대통령상을 수상하는 영광을 안겨 주었다.

이때부터 뭔가를 꾸준히 하면 못 해낼 게 없다는 자신감을 배웠던 것 같다. 그리고 미국으로 떠나 올 당시 원플러스원 중 사은품이었던 나는 스스로의 노력을 통해 단품으로서의 원ONE이 되었다. 어찌 보면 한국을 떠나올 때 담임 선생님(5학년)이 하셨던 마지막 말씀이 옳았던 건 아닐까 하는 생각이 든다.

"문재 같은 아이는 오히려 미국에서는 잘 할 수도 있어요."

선생님 말씀이 옳았다기보다는 나 같은 아이도 상황에 따라 얼마든지 잘 할 수 있다는 것을 보여주고 싶었던 학창 시절이었다.

장애를 이기기 위해
더욱 적극적으로

　　　미국 대통령상을 두 번이나 받았지만 공부를 무척 잘 하는 학생은 아니었다. 개념을 이해하고 문제를 푸는 것은 잘 하는 편이었지만, 지식을 암기하고 외우는 데에는 여전히 부족했다. 다행히도 미국의 공교육 시스템은 많은 양의 지식을 외우는 것보다는 중요한 지식을 이해하고 문제를 풀어 가는 방식에 초점이 맞춰져 있다. 외우는 것을 못하는 단점보다는 이해하려고 노력하는 장점이 더 부각되었다.

외우는 것이 중요한 미국 대학입시 시험

　하지만 대학 입시 과정은 험난했다. 그 이유는 다름 아닌 내가 가장 못했던, 지금도 잘 못하는, 외우는 것이 중요한 미국 대학입시 시험인 SAT 때문이다.

내가 살던 메릴랜드 주는 고등학생들에게 대학 진학의 스트레스를 주지 않았다. SAT의 연습용인 PSAT는 11학년(고등학교 2학년) 모두에게 보게 했지만, SAT는 개인의 선택이었다. 그리고 학교에서는 학생들이 시험을 볼 수 있도록 등록하는 것을 도와준다거나 시험을 위한 공부를 시키지 않았다. 학생들이 알아서 SAT를 주관하는 기관에 등록해야 하고, 시험일도 알아서 선택했다. SAT를 보건 말건 학교에서 강요하지도 않았고, 학교의 커리큘럼도 SAT에 맞추어져 있지 않았다. 방과 후 학생이 알아서 공부하고, 알아서 시험을 보았다. 그나마 학교에서 도와주는 것은 대학에 진학하려는 학생들을 위해 지원서를 첨삭해 주는 것이 전부였다.

나는 9학년 때부터 형의 대학 진학 준비 과정을 지켜보았다. 부모님이 대학에 진학하는 것을 당연히 여기셨기 때문에 11학년이 되자마자 조금씩 SAT 시험을 준비했다. 하지만 외우는 것에 약하다 보니, 표준화 된 시험에는 성적이 신통치 않았다. SAT는 더 심했다.

12학년(고등학교 3학년)이 되던 9월이었다. 처음으로 SAT 시험을 봤는데 참담했다. 내게 있어 시험을 잘 본다는 기준은 공부를 잘하는 형의 점수를 따라가는 것이었다. 형이 받았던 점수에는 한참 모자랐다. 목표로 했던 뉴욕 대학교New York University는 차치하고, 형이 재학 중이었던 메릴랜드 대학교 칼리지파크 캠퍼스University of Maryland College Park도 쳐다보지 못하는 점수였다. 엄청난 충격이었다.

이듬해 1월까지 대학 원서를 제출해야 했기 때문에 뭔가 바뀌지 않으면 대학 진학이 힘들 것 같았다. 다행히 SAT는 한 달에 한 번씩 볼 수 있었기 때문에, 10월부터 12월까지 매달 시험을 보았다. 이번에도 높은 점수를 받을 수 없었다. 마지막 네 번째 시험도 형이 받았던 점수를 따라가지 못했다. 대학 진학이 불확실해지면서 불안감이 들기 시작했다.

마침내 메릴랜드 주립대학 합격

그렇다고 해서 대학 진학을 포기할 수는 없었다. 사은품으로 미국에 온 것은 맞지만, 부모님의 노력과 기대에 부응하고 싶었기 때문이다. 밑져야 본전이라는 생각으로 뉴욕 대학교와 메릴랜드 주립대학에 지원했다. 4월 달에 입시 결과를 통보 받았다. 뉴욕 대학교는 불합격, 메릴랜드 주립대학은 합격이었다.

다행이었다. 참담할 정도의 점수였지만 합격할 수 있었던 이유는 입학 지원서에 큰 비중을 차지하는 학업 계획서와 추천서 때문이었던 것 같다. 학업 계획서를 작성할 당시, 나는 가장 하고 싶은 일에 대해 진지하게 고민했다. 분명한 직업까지 생각하지는 못했지만, 사랑하는 나의 조국과 사랑하게 된 새로운 나라 미국 사이에 다리가 되고 싶었다. 지금 생각해 보면 아마 수없이 많은 한국계 미국인 학생들이 이러한 내용으로 쓰지 않을까 싶다. 어쨌든 이런 순수한 의도를 주미 대사가 된 마냥 온 마음을 다해 작성했던 기억이 난다.

추천서를 써 주신 라이스 라틴어 선생님

추천서는 내가 가장 좋아했던 라이스Mr. Rice 라틴어 선생님께 부탁했다. 9학년 때부터 4년 동안 기초반부터 시작해 대학교 레벨의 어드밴스 플레이스먼트Advance Placement반까지 매년 라틴어 수업을 들었다. 딱히 라틴어가 좋아서 들었던 것은 아니다. 고등학교에서는 제 2외국어 수업을 들어야 하는데, 라틴어를 잘 알면 나중에 SAT를 볼 때 단어 부분에서 도움이 된다고 들어서다.

아이들을 가르치고 아이들과 교류하는 것을 너무나 즐겨 하시는 라이스 선생님이 너무 좋았다. 그러다 4년 모두를 수강하게 된 것뿐이다. 9학년부터 12학년까지 나의 성장 과정을 유심히 살펴보시고 애정을 가졌던 분이었기에, 아마도 엄청 공을 들여 추천서를 써 주신 게 아닐까 싶다.

조금 다른 얘기지만 12학년을 마칠 때는 '올해의 라틴어 학생상Latin Student of the Year'을 받게 되었다. 물론 라이스 선생님이 수상자를 선정했다. 그 상은 큰 의미가 있었다. 12학년 라틴어 수업에는 전교 1, 2, 3등 그리고 4등인 선생님의 아들이 같이 참여했다. 우리 학교에서 공부를 제일 잘한다는 이 아이들이 아닌 내게 그 상을 주다니? 가장 좋아했던 선생님이 나를 인정해 주었다는 게 너무나 기뻤다.

뉴욕 대학교에 불합격한 결과는 안타까웠지만 크게 개의치 않았다. 나보다 공부를 훨씬 더 잘 했고, 어렸을 때부터 나보다 앞에 있던 형이 다니고 있는 메릴랜드 대학에 합격한 것만으로도 최선의 결과라고 생각했다. 우여곡절 끝에 상위권 대학은 아니지만, 지금의 내가 될 수 있는 발판을 만들어 준 메릴랜드 주립대학을 2004년부터 다니게 되었다.

중고등학교 때의 습관이 대학에서도 큰 도움

대학 시절을 특징짓는 내 모습은 크게 세 가지다.

첫 번째는 이해할 때까지 질문을 했다는 점이다. 내 경력을 아는 주변 사람들과 이야기를 해보면 내가 대학교 때 공부만 했을 거라고 생각하는 경우가 많다. 하지만 그렇지 않다. 대학 동기들은 내가 하고 싶은 것을 다 하면서 공부했다는 것을 잘 알고 있다. 다만 수업 시간에는 최대한 집중했다. 효율적으로 공부하는 방법을 자연스레 터득해서 좋은 성적을 유지할 수 있었다.

중고등학교 때 영어에 집중했던 습관이 대학교에서도 큰 도움이 되었다. 수업 중에는 교수님 강의에 집중하려고 노력했다. 특히 수업 중에 질문을 많이 했다. 이해가 안 되는 부분이 있으면 반드시 물어보았고, 그날의 수업에서 교수님의 강의를 모두 이해하는 것에 집중했다. 이해가 안 된 상태에서 찝찝한 상태로 강의실을 나오고 싶지 않았기 때문이다.

수업 시간에 질문을 하는 것은 학생이 가진 특권이라고 생각했다. '배우기 위해 돈을 내고 대학을 다니면, 교수와 강사에게 배우는 게 맞는 것 아닌가? 왜 혼자 찾아봐야 하지?' 그런 인식이 강했다. 그리고 수업 후 혼자 이해하려고 하면 그만큼 시간을 많이 투자해야 했기 때문에 손해 본다는 느낌도 있었다.

나처럼 질문에 적극적인 학생이 있는 반면, 본인의 질문이 수준이 낮을 거라고 생각해 질문을 꺼리는 학생들이 많다. 이는 현명하지 못한 생각이다. 나는 지금까지도 '멍청한 질문은 없다.There is no stupid question.'는 진리를 믿는다.

아무리 어려운 과목도 포기하지 않아

두 번째는 아무리 어려운 과목도 포기하지 않고 최선을 다했다는 점이다. 많은 학생들이 학기 첫 주에 수강할 과목의 수업을 한 번 들어본 후 어렵거나 수행해야 하는 과제의 양이 버겁다는 생각이 들면 좀 더 쉬운 과목으로 변경한다. 또한 어렵다고 소문난 과목은 처음부터 피하려고 한다. 나는 오기 때문에 수강 과목을 변경하거나 어려운 과목을 피하지 않았다.

물론 그런 과목들이 어렵다고 느끼지 않았던 건 아니다. 첫 강의부터 교수님이 무슨 말을 하는지 모르는 수업도 많았다. 한 학기 동안 수행해야 하는 과제도 태산같이 많아 보이고, 그래서 '좋은 성적을 받을 수 있을까?' 하는 의문이 드는 과목도 많았다. 그렇다 하더라도 점수가 낮게 나오면 어쩔 수 없이 인정하되 최선을 다해 보자는 생각으로 임했다.

어려운 과목은 나한테만 어려운 것이 아니다. 수업이 어려우면 어려울수록 같이 듣는 학생들의 점수도 다 같이 낮아지기에 교수님이 점수를 조정해 주는 경우가 많다. 모든 학생이 D학점을 받을 수는 없기 때문이다. 그리고 쉽다는 과목들은 무조건 외우기만 하면 되는 수업인데 반해, 어려운 과목들은 개념을 이해해야 하는 내용이 많아서 오랫동안 기억에 남는 지식을 쌓을 수 있었다. 개념을 이해하기 위해 그만큼 질문도 많이 했고, 교수님의 시간을 많이 뺏었지만 학기가 끝날 때는 뿌듯했다. 오히려 예상 문제만 외우면 되는, 쉽다고 소문난 '인간의 성Human Sexuality', '식물학Plant Biology' 같은 과목에서는 B학점을 받았다. 대신 어려운 과목에서는 A학점을 받았다.

장애를 이기기 위해 더욱 적극적으로

세 번째는 적극적이고 활달한 사람이 되려고 노력했다는 점이다. 나는 열세 살 때 교통사고를 당해 오른쪽 눈이 서서히 실명 상태로 진행되어 가고 있었다. 열여섯 살이 될 때까지도 이 사실을 몰랐고, 열여덟 살까지 큰 수술을 네 번이나 받았다. 여러 차례의 수술에도 불구하고 망막을 되살리지 못해 결국은 시력을 잃고 말았다. 오른쪽 눈을 쓰지 않다 보니 안구 근육이 풀리면서 눈은 점점 작아졌고, 결국에는 사시가 되었다. 외모에 민감한 사춘기 때(고등학생)는 시력을 잃었다는 점보다 다른 사람들의 시선을 의식하게 되어 심적으로 매우 힘들었다.

하지만 더 힘들었던 것은 아들을 책임지지 못했다는 죄책감에 자신을 용서하지 못하는 어머니의 모습이었다. 아들의 눈을 바라보지 못하고 미안하다는 말씀만 하시는 어머니를 볼 때마다 너무 마음이 아팠다. 이런 장애를 이겨내기 위해 오히려 더 적극적으로 행동했다, 외향적인 성격이 되려고 노력했다. 모든 면에서 사람들에게 밝은 모습만 보여주고 싶었다. 무엇보다도 후천적인 장애가 나와 내 가족에게 슬픔이 되는 것이 싫었다.

이렇게 노력을 하다 보니, 대부분 사람들은 겉으로 보이는 나의 외적인 모습보다 '나'라는 사람 자체를 본다는 것을 깨닫게 되었다. 내가 발산하는 에너지가 중요한 것이지, 한쪽 눈이 비정상적으로 보이는 것은 큰 단점이 아니었던 것이다. 이 경험을 통해서 더욱더 멋있는 사람이 되려고 노력했다. 내가 생각하는 '멋있는 사람'은 생기 있고 힘차게 행동하고, 많은 사람들과 만나서 교류하면서 적극적으로 삶을 사는 사람이었다.

이와 같은 세 가지 태도는 대학 생활에 큰 도움이 되었다. 이 외에도 다른 분야 사람들을 많이 만났다. 학교에서 주최하는 취업 박람회나 회사 소개 등의 이벤트에 적극 참여했다. 주도적으로 동아리를 이끄는 데에도 혼신의 힘을 다했고, 익숙하지 않은 스포츠나 레저 활동에도 뛰어들었다. 모든 것이 소중한 도전이었다.

"Don't judge a book by its cover."
책을 표지로써 판단하지 말라.

– 미국 속담

13전 14기 :
모건 스탠리에
입사하다

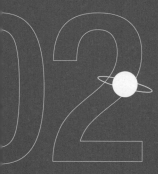

네트워크 사회의 한복판에서

       대학에서 경영학을 공부하는 동안 선배와 교수들로부터 "네트워크를 쌓아야 한다!"는 말을 계속해서 들었다. 그때는 이 말을 '인맥을 많이 쌓으면 그중 한 명은 취업을 시켜 줄 것'이라는 의미 정도로 이해했다. 그런 이유인지 네트워킹 자체가 부담스럽기만 했다. 모르는 사람들을 만나서 "저를 채용해 주세요!"라는 메시지를 전달해야만 할 것 같았기 때문이다. 어떻게 하면 자연스럽게 전달할 수 있는지도 막막하기만 했다.

철판(?)을 깔고 시작한 무작정 네크워킹

네트워킹이 중요하다는 말은 수없이 들었지만, 막상 해보려고 하니 너무나 어렵고 버거웠다. 어디서 어떤 상대에게 다가가 어떤 주제로 대화해야 하는지 막막했다. 어색하고 뻘쭘하기조차 했다.

그럼에도 네트워킹의 중요성을 강조하는 주위 분들의 계속된 충고는 수용하는 게 좋을 거라 판단했다. 얼굴에 철판(?)을 깔아야만 했다.

도대체 어떻게 하는지, 왜 하는지 등을 정확히 모르는 상태에서 네트워킹을 했다. 그냥 무작정 사람들과 대화를 시도했다. 학교에서 기업들을 초빙하면 어색하고 불편한 자리라도 피하지 않았다. 할 말이 없어도 가서 얼굴이라도 비추고, 마음이 불편해도 어쩔 수 없다는 마음으로.

자발적인 의지로 시작된 것은 아니었지만 시간이 지나다 보니 나름 나만의 방식이 생겼다. 가끔은 나의 네트워크가 빛을 발휘하는 순간들이 오는 것을 경험하기에 이르렀다. 이렇게 대학교 때 억지로 했던 네트워킹부터 사회에 나아가 자발적으로 네트워킹을 하는 과정에서 몇 가지 나름의 방식을 터득하게 됐다.

자신의 꿈을 다른 사람에게 알리자

먼저 지인 찬스를 쓰는 방법이다. 지인 중에 자신이 원하는 분야나 업계에서 일하는 사람들을 만나는 것이 가장 직접적인 방식이다. 개인적인 관계가 있거나 안면이 있는 사람들이 일차적인 대상이다. 그런 사람이 없을 때는 부모님, 교수님, 집안 어른, 선배, 친구, 후배 등 모든 인맥을 동원해 현업에 있는 사람이나 그 분야에서 일했던 사람들을 만나려고 노력했다. 그리고 지속적인 관계를 유지하려고 애썼다.

이러한 관계 속에서 조금씩 친분을 쌓아 가다 보면 자연스럽게 특정한 업계, 회사, 단체 등의 보다 많은 정보를 알아 갈 수 있다. 경쟁력을 한 단계 더 높이는 과정이기도 하다.

사람들과의 만남에서 자신의 꿈과 목표를 당당하게 알리는 것이 좋은 방법인 것 같다. 본인의 관심사나 꿈 그리고 하고 싶은 일을 말하지 않으면 주변 사람들은 모를 수밖에 없다. 더 많은 사람들이 내가 하고 싶은 일을 알도록 하는 게 더 많은 기회를 잡게 되는 지름길이 아닌가. 기회를 잡을 확률을 높이려면 다른 사람들에게 자신의 꿈을 퍼뜨려야 한다. 누군가에게 도움을 청하는 것이 처음에는 어려울 수도 있다. 하지만 목표에 다가가는 데 도움이 될 수 있는 사람들과 관계를 쌓는 것은 너무나 중요하다. 우리 사회 자체가 바로 네트워크 관계망이지 않은가.

기회는 열심히 뛰는 사람에게만 주어진다

다음으로는 협회, 학회, 세미나, 컨벤션 등 업계 사람들이 모이는 곳에 자주 참석하는 방식이다. 어떤 업종이든 협회나 단체는 존재한다. 아주 작은 규모이지만 한국에도 우주산업협회가 있다. 우주산업처럼 활동이 거의 없는 산업도 협회가 있는 것을 보면 얼마나 많은 협회가 존재하는지는 어렵지 않게 상상할 수 있다.

업계를 대표하는 협회들은 업계 내부에서의 네트워킹과 정보 공유를 위해 크고 작은 모임을 수시로 열고 있다. 박람회나 컨벤션 같은 이벤트도 정기적으로 개최한다. 물론 누구나 참석할 수는 없고 회원들만 참석 가능한 모임들이 대부분이다. 하지만 열심히 찾다 보면 외부인 참석이 가능한 이벤트들도 무척 많다는 걸 알게 됐다. 협회의 웹사이트 등을 수시로 방문하고 검색하다 보니, 기회는 열심히 뛰는 사람에게만 주어진다는 걸 실감했다.

여러 경험을 통해 확실히 말할 수 있는 게 있다. 이미 업계에 있는 사람들은 외부인이 허락된 모임에 새로운 사람이 혼자 온다고 해서 이상하게 생각하지 않는다는 점이다. 새로운 학교로 전학을 간 첫날에 어색한 사람은 전학생 본인이다. 재학생들은 전학생을 이상하게 생각하지 않는다. 어떤 자리든 처음 참석하면 자신이 스포트라이트를 받을 것 같지만, 그 자리에 있던 사람들은 새로 온 사람에 대해 크게 신경을 쓰지 않는다. 그러니 당당하게 철판(?)을 깔 필요가 있다고 생각한다. 예의를 갖추어 자연스럽게 대화하면서 그들이 하는 일에 관심이 있다는 것을 보여주면 불편해하거나 싫어하는 사람은 거의 없다는 걸 알게 됐다.

용감하게 메일을 쓰자

마지막으로 무작정 메일을 보내는 방식이다. 인터넷 검색에 조금만 시간을 투자하면 업계 사람들의 메일 주소나 SNS 계정을 알 수 있다. 이렇게 알아낸 연락처를 통해 자신을 소개한 후 조언을 얻거나 만남을 요청하거나 혹은 직접적으로 취업에 대해 묻는 방식이다. 단순하다고 생각할 수 있지만, 의외로 효과가 있다는 걸 느꼈다. 우주정책학을 공부하기로 결심하고 나서 처음으로 네트워킹을 위해 썼던 메일을 소개한다.

안녕하세요, ○○○님

갑자기 메일을 드리게 되어 죄송합니다. 얼마 전에 ○○○님 블로그에 올린 글을 보고 사무관님이 조지 워싱턴 대학교 우주정책연구소George Washington University Space Policy Institute 에 객원 연구원으로 계신다는 것을 알았습니다. 우주정책연구소 진학을 희망하는 준비생으로서 실례를 무릅쓰고 메일을 보냅니다.

저는 1986년생으로 한국에서 태어나 열두 살부터 미국에서 자랐습니다. 지금 사무관님이 계신 워싱턴 D.C. 근처인 메릴랜드 주에서 중고등학교와 대학교를 졸업한 후 미국계 금융회사에 입사하여 미국과 홍콩 지사에서 근무하였고, 지금은 같은 회사의 한국 지사에서 근무하고 있습니다.

대학생 때부터 우주산업에 관심이 많았던 저는 학교에서 여러 리포트와 프로젝트를 진행할 때 우주산업을 주제로 한 적이 많습니다. 대학을 졸업하고 금융 분야에서 일하면서도 저의 꿈을 놓지 않기 위해 다방면으로 우주산업에 대해 알아가면서 우주정책학이 있다는 것을 알게 되었습니다. 이렇게 멋진 프로그램이 있다는 것을 알고 꿈을 좇아 보자는 의지가 확고해졌습니다. 현재 GRE 시험을 준비 중이고, 10월 즈음에는 내년 가을 학기를 목표로 지원서를 제출할 계획입니다. 제가 그토록 희망하는 프로그램에 한국인으로 참여하고 계신다는 것에 대해 엄청난 존경심을 가지고 있습니다. 사무관님에게 우주정책학에 대한 피드백, 제가 그 프로그램에 얼마나 적합한지, 제가 입학 허가를 받으려면 무엇을 준비해야 하는지에 대한 조언과 방향을 듣고 싶어서 이렇게 메일을 드립니다.

이제 워싱턴 D.C.는 월요일 밤이 저물고 있겠지요. 즐거운 한 주 보내시기 바라며, 사무관님의 답변을 기다리겠습니다. 바쁘신 와중에도 제 메일을 읽어 주셔서 감사합니다.

김문재 드림

결과적으로 나는 메일 한 통을 통해서 내가 지원하려던 프로그램을 경험하셨던 분을 알게 되었다. 이후 그분과 지속적으로 교류하며 대학원 진학에 도움이 되는 정보를 얻을 수 있었다.

이런 메일을 보내는 것이 무례하거나 예의에 어긋난다는 생각이 들 수도 있다. 하지만 한 가지 분명한 점은 연락을 받은 분들도 현재 하고 있는 일의 시작점이 있지 않은가. 그들도 이제 막 시작하려는 사람들이 얼마나 힘들어 하는지 잘 알고 있을 것이다.

대학교 후배 중 하나는 내 조언을 듣고 자신이 예전부터 동경해 왔던 마케팅 회사 대표에게 무작정 메일을 보낸 적이 있다. 자기소개를 한 후 컬처culture 마케팅에 관심이 있다고 설명하고, 기회가 되면 방학 때 한국에 가서 이야기를 듣고 싶다고 미팅을 요청했다. 몇 번의 메일이 오고간 후 놀랍게도 그 후배는 회사 대표로부터 방학 기간 중에 인턴십을 해보지 않겠느냐는 제안을 받았다.

네트워킹을 왜 하는지 이해하는 게 중요

네트워킹 방식은 수없이 많다. 사람이 사람을 만나서 관계를 만들어가는 과정에는 딱히 정해진 방식이 없는 것 같다. 내가 경험한 방식 외에 자신만의 방식이 있으면 꼭 시도해 보기 바란다. 대학교 때부터 이러한 방식들을 통해서 네트워크를 하면 분명 나중에 큰 도움이 될 것이라 믿는다. 무엇보다 네트워킹을 왜 하느냐를 이해하는 것이 가장 중요하다고 생각한다.

대학을 졸업하고 사회 생활을 해보니 네트워킹은 취업을 위해 인맥을 쌓는 것만이 아니었다. 정보를 공유하기 위해 혹은 새로운 것을 배우기 위해 사람들과 관계를 쌓아 가는 것이었다.

한 가지 부탁하고 싶은 게 있다. 여러분 자신이 업계에 들어갔을 때 이제 막 시작하는 사람들이 도움을 요청해 오면 기꺼이 도와주는 게 좋다는 점이다. 자신에게도 올챙이 시절이 있었음을 기억하고 다른 올챙이가 개구리가 된 나를 찾아왔을 때 외면하지 않기를 바란다. 간절한 누군가의 손을 잡아 줄 때, 그 사람의 인생을 좋게 바꿀 수 있는 기회가 나에게 주어지지 않을까? 그러한 기회는 세상을 좋게 만드는 방식 중 하나라고 생각한다. 이를 통해 우리가 사는 세상을 더욱 환하게 만들 수 있지 않을까.

"Sometimes, idealistic people are put off by the whole business of networking as something tainted by flattery and the pursuit of selfish advantage. But, virtue in obscurity is rewarded only in Heaven. To success in this world, you have to be known to people."
"때때로, 이상주의적인 사람들은 네트워킹이 아첨과 이기적인 이점을 위한 행동이라 생각하여 반감을 갖는다. 하지만 알려지지 않으려는 미덕은 천국에서만 보상 받는다. 이 세상에서 성공하려면 자신이 사람들에게 알려져야 한다."

– 소니아 스토마이어Sonia Sotomayor, 미국 연방 대법관

인상적인 이력서 작성하기

대학교 3학년 때 씨티그룹 인턴십에 지원하기 위해 처음으로 취업을 위한 이력서를 써 보았다. 인터넷으로 샘플 이력서를 참조하고 그 샘플의 포맷을 모방해 이력을 작성했다. 하지만 당시 나는 스펙이 거의 없었다. 장기간 한곳에서 아르바이트를 해본 적도 없었고, 이력서에 쓸 수 있는 경력은 부모님 지인이 운용하시던 소규모 투자 회사에서 허드렛일을 한 것이 전부였다. 그렇다 보니 이력서의 초안은 초라하기 짝이 없었다.

"너 자신을 예쁜 포장지로 감싸야 돼!"

솔직히 누구한테 보여주기도 민망했다. 이런 이력서를 보여주는 게 왠지 벌거벗은 모습을 보여주는 것 같았다. 나보다 먼저 취업한 선배가 있어서 창피함을 무릅쓰고 자문을 구했다. 선배는 자신의 첫 이력서를 기억해내고는 열심히 내 이력서를 첨삭해 주었다. 그 선배는 마법을 부리듯 초라하기 짝이 없는 내 이력서를 화려한 단어들로 포장해 주면서 말했다.

"이력서에 거짓말을 하면 안 되지만, 포장을 하는 건 괜찮아. 너 자신을 예쁜 포장지로 감싸야 돼!"

며칠 후 비즈니스 라이팅Business Writing 수업에서 이력서에 대한 강의를 들었다. 강사에게 업그레이드 된 이력서를 한 번 더 첨삭 받을 수 있는 기회가 생겼다. 선배가 단어 위주로 봐 주었다면, 강사는 포맷 위주의 첨삭이었다. 그렇게 해서 내 이력서는 새롭게 태어났다.

이렇게 두 사람을 거쳐 그나마 봐 줄만한 정도가 된 내 이력서는 나를 씨티그룹 인턴십으로 이끌어 주었다. 씨티그룹 인턴십 이후 대학 마지막 학기 동안 신입사원으로 취직하기 위해 다시 이력서를 붙잡고 씨름해야 했다. 50개가 넘는 회사에 지원을 하고 매번 낙방을 했을 때, 이력서에 문제가 없었는지 혹은 내가 보지 못했던 뭔가가 있는 건지 세밀하게 파고들며 보완하고 또 보완했다.

더 중요한 것은 나 혼자 들여다보는 것이 아니었다. 몇 달 전 선배와 강사의 첨삭 후 이력서가 업그레이드되었던 경험을 살려 최대한 많은 사람에게 도움을 청했다. 신기하게도 이력서를 봐 주던 사람들마다 한 부분씩 발전시켜 주는 포인트를 주었다. 그만큼 이력서는 객관적인 것이고, 보는 사람마다 받아들이는 느낌이 다른 것 같았다. 여러 사람의 피드백을 받으면 받을수록 더 많은 사람을 만족시키는 이력서가 되어 가는 느낌이었다.

대학생 때나 취업준비생 때 이력서를 작성하는 것은 참 어렵다. 어려운 만큼이나 중요한 서류이기도 했다. 지난 몇 년 간의 노력을 한 장에 담아내야 하는 이력서 작성은 취업의 첫 난관이었다. 선배의 말처럼 이력서는 '나'라는 한 지원자를 포장하는 패키징이다. 영문 이력서는 한글 이력서와 달리 작성 방식이 자유롭기 때문에 그만큼 더 어려웠다.

내가 대학생 때 수많은 첨삭을 통해서 배운 그리고 내가 이력서를 보는 입장에서 느꼈던 것들을 토대로 터득한 영문 이력서 작성 비법을 적어 보았다. 유학생이나 외국계 기업에 취업하려는 사람들 또는 국내 기업들 중 영문 이력서를 필요로 하는 곳에 지원하려는 취업 준비생들에게 도움이 되기를 희망한다.

스타일

이력서는 취업 준비생들의 얼굴이자 명함이다. 하지만 안타깝게도 회사는 몇 십 혹은 몇 백 장의 이력서를 단기간에 검토해야 하므로 한 이력서에 많은 시간을 투자하기 어렵다. 다시 말해 첫인상을 주는 단계에서 한 이력서에 주어진 시간은 적게는 몇 초, 많게는 몇 십 초 정도다. 그래서 한 번 쓱 훑었을 때 '아, 이 이력서는 좀 더 읽어 볼만하다'는 느낌을 주어야 한다.

그러한 느낌을 줄 수 있는 첫 번째 방식은 깔끔한 스타일이다. 수많은 이력서를 봐야 하는 인사 담당자들은 조잡한 느낌을 주는 이력서보다 한눈에 술술 보이는 이력서를 선호한다. 서체의 포인트를 조절하거나, 문장의 스타일을 바꾸거나, 글의 위치를 잘 선택해서 지원자의 이력서가 인상적으로 보일 수 있도록 리드해 줄 필요가 있다.

예시한 것처럼 이름, 주소, 전화번호, 메일 주소 등이 잘 분류되어야함은 물론이고, 각 항목의 제목이 눈에 띄도록 강조할 필요가 있다. 그밑에 나오는 상세 구분 항목 또한 구분될 수 있도록 작성하는 것이 좋다. 이렇게 각 항목마다 눈에 띄게 정리해 주면, 담당자의 시선을 끌어한 번이라도 더 읽게 된다. 이력서는 지원자의 거울과 같기 때문에 조잡한 스타일이나 복잡한 디자인으로 작성하면 지원자의 성격도 그러할 것처럼 인식되어 다음 단계까지 가는 데 걸림돌이 된다.

더 나아가 영문 이력서를 작성할 때, 많은 사람들이 신경을 쓰지 않고 지나치는 것 중 하나는 '여백white space'이다. 이력서에서 여백은 경력 소개의 내용이 마지막 줄 끝까지 가지 않고 중간에 끊겨서 생기는 공백을 말한다. 옆의 예시를 보면 첫 번째 경력은 마지막 줄 거의 끝까지 작성되어 있지만, 두 번째 경력은 중간에서 끊어진다. 그러므로 두번째 경력은 문장 끝에 비어 있는 공간이 생긴다. 이러한 공간을 최대

MOON JAE KIM

11916 Rumsfeld Terrace, Silver Spring, MD 20904   xxx-xxx-xxxx   kim.moon.jae@gmail.com

Education

Master of Arts, International Science and Technology Policy, concentration in Space Policy   *May 2017*

The George Washington University – Elliott School of International Affairs – Space Policy Institute *GPA 3.71/4.00*

Bachelor of Science, Finance and Economics   *December 2007*

The University of Maryland, College Park - Robert H. Smith School of Business   *GPA 3.68/4.00*

Work Experience

National Aeronautics and Space Administration – Goddard Space Flight Center   Greenbelt, MD

Satellite Servicing Projects Division – Restore-L - Resource Analyst (Civil Servant)   February 2016 – Present

- Xxxxxxxxxxxxxxxxxxxxxxxxxxxxxxxxxxxxxxxxxxxxxxxxxxxxxxxxxxxxxxxxxxxxxxxxxxxxxxxxxxxxxxxx
  xxxxxxxxxxxxxxxxxxxxxxxxxxxxxxxxxxxxxxxxxxxxxxxxxxxxxxxxxxxxxxxxxxxxxxxxxxxxxxxxxxxxxxxxx
  xxxxxxxxxxxxxxxxxxxxxxxxxxxxxxxxxxxxxxxxxxxxxxxxxxxxxxxxxxxxxxxxxxxxxxxxxxxx
- Xxxxxxxxxxxxxxxxxxxxxxxxxxxxxxxxxxxxxxxxxxxxxxxxxxxxxxxxxxxxxxxxxxxxxxxxxx
  xxxxxxxxxxxxxxxxxxxxxxxxxxxxxxxxxxxxxxxxxxxxxxxxxxxxxxxxxxxxxxxxxxxxxxxxxxxxxxxxxxxxxxx
- Xxxxxxxxxxxxxxxxxxxxxxxxxxxxxxxxxxxxxxxxxxxxxxxxxxxxxxxxxxxxxxxxxxxxxxxxxxxxxxxxx

Morgan Stanley & Co. International plc Seoul Branch   Seoul, South Korea

Institutional Securities Group Operations – Associate   *August 2011 – July 2015*

- Yyyyyyyyyyyyyyyyyyyyyyyyyyyyyyyyyyyyyyyyyyyyyyyyyyyyyyyyyyyyyyyyyyyyyyyyyyyyyyyyyyyyyyyyyy
  yyyyyyyyyyyyyyyyyyyyyyyyyyyyy
- Yyyyyyyyyyyyyyyyyyyyyyyyyyyyyyyyyyyyyyyyyyyyyyyyyyyyyyyyyyyyyyyyyyyyyyyyyy
- Yyyyyyyyyyyyyyyyyyyyyyyyyyyyyyyyyyyyyyyyyyyyyyyyyyyyyyyyyyyy

Publication

Peer Reviewed Journal

Kim, Moon J. "The Potential Speculative Bubble in the United States Commercial Space Launch Industry
          and the Implications to the United States." New Space, July 2017 ahead of print. https://doi.
          org/10.1089/space.2017.0029.
          Scheduled for print publication in March 2018.

Skills and Certificates

- Zzzzzz
- Zzzzzz
- Zzzzzz

Activities

- Aaaaaaa   *2015 – Present*
- Bbbbbbb   *2017 – Present*

한 없애야 이력서가 꽉 차 보이고, 지원자의 경험이 묵직해 보이는 효과를 줄 수 있다.

일관성

취업 준비생들이 처음 이력서를 작성할 때 가장 많이 하는 실수는 일관성의 부재다. 장시간에 걸쳐 수정, 보완하면서 이력서를 작성하다 보면 사소한 것들이 안 보일 수 있다. 이력서를 작성한 후에는 꼼꼼히 읽어 보고, 지인들에게 보여주면서 사소한 실수가 없는지 사전에 확인해야 한다.

아래 예시처럼 ① 항목마다 간격이 바뀐다거나, ② 서체 스타일이 바뀐다거나, ③ 날짜 쓰는 방식이 바뀐다거나, ④ 회사명, 지역, 직책 등의 내용을 보여주는 방식이 바뀌는 뒤죽박죽 스타일은 지원자가 꼼꼼하지 못하다는 것을 보여줄 뿐만 아니라 읽는 사람에게 불편함을 준다. 나에게 첨삭을 부탁하는 후배들의 이력서를 받아 보면, 사소한 실수들을 쉽게 발견할 수 있다. 옆의 예시를 통해서 살펴보자.

첫 번째 근무 경력Work Experience과 두 번째 근무 경력 사이에만 간격이 두 개일 경우 혹은 기간들끼리 줄이 안 맞는 경우.

Education

Bachelor of Science, Finance and Economics   *December 2007*

The University of Maryland, College Park - Robert H. Smith School of Business   *GPA 3.68/4.00*

Work Experience

National Aeronautics and Space Administration – Goddard Space Flight Center   Greenbelt, MD

Satellite Servicing Projects Division – Restore-L - Resource Analyst (Civil Servant)   *February 2016 – Present*

- Xxxxxxxxxxxxxxxxxxxxxxxx
- Xxxxxxxxxxxxxxxxxxxxxxxx

Morgan Stanley & Co. International plc Seoul Branch   Seoul, South Korea

Institutional Securities Group Operations – Associate   *August 2011 – July 2015*●

- Yyyyyyyyyyyyyyyyyyyyyyyy
- Yyyyyyyyyyyyyyyyyyyyyyyy

첫 번째 근무 경력은 이탤릭체를 사용했지만, 두 번째 기간은 정체를 사용한 경우.

Work Experience

National Aeronautics and Space Administration – Goddard Space Flight Center   Greenbelt, MD

Satellite Servicing Projects Division – Restore-L - Resource Analyst (Civil Servant)   *February 2016 – Present*

- Xxxxxxxxxxxxxxxxxxxxxxxx
- Xxxxxxxxxxxxxxxxxxxxxxxx

Morgan Stanley & Co. International plc Seoul Branch - Associate   Seoul, South Korea

Institutional Securities Group Operations – Associate   August 2011 – July 2015

- Yyyyyyyyyyyyyyyyyyyyyyyy
- Yyyyyyyyyyyyyyyyyyyyyyyy

첫 번째 근무 경력 날짜에는 약자를 사용했지만, 두 번째 근무 경력 날짜에는 약자를 사용하지 않은 경우.

Work Experience

National Aeronautics and Space Administration – Goddard Space Flight Center   Greenbelt, MD
Satellite Servicing Projects Division – Restore-L - Resource Analyst (Civil Servant)   *Feb 2016 – Present*

• Xxxxxxxxxxxxxxxxxxxxxxxx
• Xxxxxxxxxxxxxxxxxxxxxxxx

Morgan Stanley & Co. International plc Seoul Branch   Seoul, South Korea
Institutional Securities Group Operations – Associate   *August 2011 – July 2015*

• Yyyyyyyyyyyyyyyyyyyyyyyy
• Yyyyyyyyyyyyyyyyyyyyyyyy

첫 번째 직책은 부서 이름 다음에 나오고, 두 번째 직책은 회사 이름 다음에 나오는 경우.

Work Experience

National Aeronautics and Space Administration – Goddard Space Flight Center   Greenbelt, MD
Satellite Servicing Projects Division – Restore-L - Resource Analyst (Civil Servant)   *February 2016 – Present*

• Xxxxxxxxxxxxxxxxxxxxxxxx
• Xxxxxxxxxxxxxxxxxxxxxxxx

Morgan Stanley & Co. International plc Seoul Branch - Associate   Seoul, South Korea
Institutional Securities Group Operations   *August 2011 – July 2015*

• Yyyyyyyyyyyyyyyyyyyyyyyy
• Yyyyyyyyyyyyyyyyyyyyyyyy

경력 소개

이력서를 작성할 때 가장 어려운 부분이 경력 소개다. 처음 작성할 때는 어떻게 시작해야 하는지 감이 오지 않을뿐더러 인턴십 등의 근무 경험을 효과적으로 표현하기도 어렵다.

경력 소개에서 가장 중요한 점은 어떤 경험을 했든 자기 자신에 대해 자신감을 갖는 것이다. 이력서는 나를 판매하는 상품 설명서와 같다. 스스로 자기 경험에 자신감이 없으면 '나'라는 상품을 팔기 어렵다. 자신이 했던 경험이 비록 편의점 아르바이트일지라도 아르바이트생이 없으면 편의점 운영이 되지 않는다는 생각으로 자신감을 가지고 그 일의 중요성을 강조해야 한다.

대부분 이력서의 경력 소개 부분을 보면 '저는 이런 일을 했어요.'라고 작성되어 있다. 이런 식으로 이력서를 작성하면 보통밖에 안 되기 때문에 서류 심사에서 탈락하게 된다. 반면 보통 이상의 이력서는 '저는 이런 일을 이렇게 해서 이러한 결과를 낳았어요.' 또는 '저는 이런 일을 이러한 이유 때문에 했어요.'라는 식으로 경력을 소개한다. 쉽게 말해 '무엇을 했다(What)'만을 쓰는 게 아니고 '무엇을(What), 어떻게(How), 왜(Why) 했다.'라고 소개하는 것이 남들과 차별화 된 이력서의 기본이다.

예를 들어, 다음과 같은 단순한 표현은 깊은 인상을 줄 수 없다.

'Translated documents written in Korean to English.'

이와 같은 단순한 표현보다는 다음과 같이 '(무엇)을, (무슨 이유) 때문에, (어떻게) 했다'는 식으로 경험이 부각되도록 써야 한다.

'Translated documents written in Korean to English allowing attorneys and technicians to utilize for patent research and pricing and profit analyses for maximization of accessible data.'

마찬가지로 'Prepared weekly overview of focus funds for financial advisors.'라고 쓰는 것보다는 'Prepared weekly overview of focus funds for financial advisors using Microsoft Excel, Bloomberg, Morningstar and other finance tools that are widely used across the industry.'라고 쓰는 것이 좋다.

가장 바람직한 것은 아래 예시처럼 '무엇을, 어떻게, 왜 했는지'를 종합적으로 쓰는 것이다.

'(무엇을) Create monthly phasing plans to forecast

project's financial obligation with (어떻게) details such as labor, procurement and travel requirements, and present to mission directorate for funding (왜) to ensure project's operational stability.'

이와 같은 방식으로 경력을 소개하면, 읽는 사람이 '이 지원자는 주어진 일만 하는 소극적인 사람이 아니라, 자기가 하는 일이 어떤 영향을 주었는지 아는구나!'라고 생각하게 된다. 이처럼 지원자의 이력서를 보고 판단할 수 있도록 글로써 리드해 주는 것이 좋은 이유는 '지원자가 큰 그림을 보고, 자기 일에 대한 중요성을 깨달았다'는 느낌을 줄 수 있기 때문이다.

가장 좋은 이력서는 경력 소개 글이 스토리텔링이 되는 이력서다. 모든 경력 소개 내용이 흥미를 끌어낼 수 있어야 한다. 글 한 줄 한 줄에서 자신이 한 일이 무엇인지 명확히 알고 있음을 보여주며, 수동적으로 일만 한 것이 아니라 그 일을 통해서 배운 점이 있다는 것을 보여주어야 한다. 이렇게 작성해야만 기억에 남는 이력서가 되고, 그 회사에서 시간을 투자해서 만날 가치가 있는 지원자로 인식될 수 있다.

이력서 작성 팁 : 키워드 찾기

보통 외국계 회사의 채용 공고를 보면 '업무 소개Job Description'와 '책임Responsibility'에 관한 설명이 있다. 많은 취업 준비생들이 '회사에서 하는 일들이 대부분 비슷하겠지'라는 생각으로 이 부분을 섬세하게 읽지 않고 그냥 지원하는 경우가 많다. 하지만 자신이 지원할 회사의 주요 업무를 읽어 보는 것은 매우 중요하다. 그 속에 이력서에 사용하면 좋은 키워드들이 들어 있기 때문이다.

아래 예시는 외국계 금융 및 투자 은행의 여름 인턴십 웹사이트를 복합적으로 참고해서 만들어 본 업무 소개와 책임 섹션이다. 필자가 생각하는 키워드들을 표시해 두었는데, 이러한 키워드들을 보면 증권가에서 어떤 인재를 뽑는지 알 수 있다.

Job Description:

The Summer Internship Program is a 2.5 months long program to provide an opportunity to experience variety of roles in the financial industry. The intern will rotate through different types of trading desks across multiple divisions including Investment Banking, Global Capital Markets, Institutional Securities, and Operations, allowing insight into the real life of working for an investment firm. Throughout the program, the intern will be able to develop **analytical, quantitative, qualitative and communication skills** necessary for a successful career.

Responsibilities:

Assist analysts and associates with daily sales trades to develop understanding of building client base and meaningful relationships. Interns will **develop and present** investment ideas for various clients based on the firm's product base.

Develop trading strategies and analysis, and understand various players that make the market. Interns will support different all parts of the life of a trade from trade execution process, trade support, client support, and trade closing, along with **research analyses** on financial value creation.

Learn the concept of **investment and risk management,** and develop innovative methods of such skills to meet the needs of the trading desks.

Analyze market movements and indices based on the fundamentals of finance and investment and assist portfolio managers and researchers to optimize investment recommendations for clients.

Examine and learn **quantitative and qualitative analyses** based on clients' **profitability**; understand the process of creating efficient operations in the financial industry and increase **transparency** to accommodate the needs of regulators and auditors as well as different stakeholders of the firm.

여기에는 develop, present, research, analyze, investment management, risk management, clients, quantitative, qualitative, profit, efficient, transparency와 같은 단어들이 보인다. 이러한 단어들을 잘 파악하고 품사를 바꾸어 가며 경력 소개 글에 사용하면 인사부의 검토 단계에서 눈에 띌 수 있다. 또한 1차 심사를 컴퓨터 프로그램으로 처리하는 회사일 경우 걸러지지 않고 2차 심사로 넘어가는 데 유리하다.

'이력서를 이렇게 작성하면 100프로 합격'이라는 방식은 없다. 하지만 면접 단계까지 갈 수 있는 확률을 높이도록 작성할 수는 있다. 위에서 설명한 방식이 최선의 방법이라고 말할 수는 없다. 이 방식과 다른 사람들의 방식을 참고하여 본인 마음에 드는 방식을 적용하여 합격의 영광을 누릴 수 있기를 기원한다.

면접 치트키

네트워킹을 구축해서 좋은 정보를 얻고 수준 높은 이력서를 작성해서 원하는 회사에 지원하게 되면, 그 다음 단계는 면접이다. 면접은 자신과 회사와의 첫 만남이자 입사의 마지막 단계다.

앞에서도 강조했지만 면접에 임하는 지원자의 목표는 평범한 지원자들보다 한 단계 더 높은 곳에 있도록 보이고 다르게 보이도록 하는 것이다. 회사는 보통사람을 뽑는 곳이 아니기 때문이다. 하지만 면접관들이 보기에는 지원자들이 너무나 비슷하다. 안타깝게도 우리는 어렸을 때부터 보편화되어 있는 트랙을 밟고 성장하기 때문이다. 삶의 많은 부분들이 표준화되어 있고 남들이 하는 것은 나도 해야 할 것 같은 사회 시스템 속에서 자란 탓에 같은 또래는 모두가 비슷비슷하다. 다른 아이들이 영어 공부를 하니까 나도 영어 공부를 했고, 남들이 대학을 간다는 이유로 나 또한 대학에 떠밀리듯 입학했다. 남들과 다르면 뭔가 잘못된 것 같고, 주위에서 이상한 시선으로 바라볼 것 같은 두려움 때문에 남들과 비슷한 것을 하고, 비슷한 경험을 하며, 비슷한 삶을 산다.

이렇다 보니 취업을 준비할 때 딜레마에 빠진다. 중고교와 대학을 다니는 동안 보편적인 삶을 살기 위해 노력했는데, 정작 취업을 하려고 보니 기업에서는 보통사람들과는 다른 인재를 원한다. 하지만 비슷한 대학에서 비슷한 수업을 듣고, 비슷한 스펙을 쌓고, 비슷한 경험을 한 지원자가 다른 지원자들과 차별화 된 뭔가를 보여주는 것은 결코 쉽지 않다.

그렇다고 너무 걱정하지는 말자. 남들보다 특출하지 않거나 확연히 다르지 않아도 면접을 잘 보는 방법이 있다. 미리 말하지만 면접 잘 보는 방법은 인터넷에도 많고, 책으로도 접할 수 있으므로 누구나 알 수 있는 방법은 말하지 않겠다. 나는 지원자와 면접관을 모두 경험해 본 입장에서 중요하다고 느낀 점을 말해 주려고 한다.

면접을 볼 때 면접관이 진정으로 원하는 사람이 어떤 사람인지를 파악하는 것이 가장 중요하다. 기업은 임원이 아닌 한 직원의 잘못이 큰 문제를 일으키거나 회사에 큰 피해를 줄 수 없도록 위험성을 최소화한 곳이다. 기업의 내부 시스템이 탄탄할수록 이러한 실수의 구멍을 잘 막는다. 모건 스탠리에 근무할 때, 내가 실수를 하면 그런 실수가 다시 일어나지 않도록 업무 프로세스를 보완하고 매뉴얼을 더 세심하게 만드는 작업을 했다. 이러한 프로세스를 지속적으로 보완하고 관리하기 때문에 사실상 신입사원이 하는 일들 중에 중대한 실수로 이어지는 사례는 거의 없다. 또한 신입사원에게 이윤 창출을 기대하지도 않는다.

면접관들은 임원을 뽑는 것이 아닌 이상, 회사를 더 좋게 만들고, 엄청난 속도로 고객을 유치하며, 획기적인 방식으로 업무를 수행할 수 있는 신입사원을 찾으려 하지 않는다. 면접관들은 자신들과 함께 근무하는 데 가장 적합한 사람을 찾는다. 즉 어떤 지원자와 함께 일하고 싶은지를 가장 중요하게 보는 것이다. 그리고 신입사원 면접은 하루에 최소 8시간 이상을 함께 근무할 사람을 뽑는 자리이기도 하다. 면접관이라면 '내가 이 사람과 하루의 절반을 함께 보내는데, 괜찮을까?'라는 생각을 가장 먼저 한다. 여러분이 이런 관점으로 면접을 준비한다면 분명 좋은 결과를 얻을 것이라 본다.

일을 아무리 잘 할 것 같아도 코드가 맞지 않거나 인격에서 드러나는 분위기가 면접관과 맞지 않는 지원자는 면접을 통과하기 어렵다. 면접관들은 자신과 잘 맞는 사람 그리고 이미 만들어진 팀 분위기에 잘 맞을 것 같은 사람, 기존의 팀원들과 원활한 관계를 유지할 수 있는 사람을 선호한다. 그렇다면 면접관마다 성향이 다르고 팀마다 분위기가 다를 텐데 어떻게 이러한 니즈를 충족시킬 수 있을까? 한 가지 방식으로 매번 성공할 수는 없겠지만 성공 확률이 높은 방법이 있다.

그것은 바로 진솔함과 진정성이다. 진솔함과 진정성은 취업 준비를 할 때 잘 생각하지 않는 단어들이기 때문에 의외라고 생각할 수도 있다. 하지만 이렇게 생각해 보기 바란다. 나 자신도 선호하는 사람이 진정성 있고 진솔한 사람일 것이다. 누구든지 이런 자세를 가진 사람은 좋아한다. 심지어 이러한 자세에 감동을 받는다.

대부분의 지원자들은 예상 질문을 준비하고 그에 맞는 답을 연습한 후 기계적으로 면접을 본다. 면접관들은 그런 지원자들을 대상으로 하루에 수십 명씩 면접을 보기도 한다. 이처럼 수십 번의 면접을 보고 나면 몇 시간 동안 무슨 말이 오고 갔는지 기억이 잘 나지 않는다. 비슷한 삶을 살아 온 사람들의 스토리를 수십 번씩 듣다 보면 머릿속에 남는 특별한 스토리가 없기 때문이다. 그래서 대화의 내용보다는 느낌이 기억에 남게 된다.

이와 같은 기계적인 면접 속에 '진솔함'과 '진정성'이라는 느낌을 주는 지원자가 있다면 그 한 명은 무조건 기억에 남는다. 그러나 안타깝게도 요즘 사회에서는 진솔함과 진정성은 흔히 볼 수 없는 것들이다.

그렇기 때문에 이러한 자세를 갖춘 지원자가 면접관의 기억에 남고, 결과를 심사할 때 그 사람에게 먼저 마음이 간다. 결국 많은 지원자들 중에 함께 일하고 싶은 사람으로 그 지원자가 선발될 가능성이 높아진다.

면접을 준비할 때 예상 질문을 보지 말라거나 준비를 하지 말라는 건 아니다. 예상 질문을 통해서 준비를 하되 자신의 답변이 얼마나 진솔한 답인지 자신이 얼마나 진정성 있게 면접에 임하는지를 잘 생각해 보기 바란다. 잘 보이기 위해 거짓말을 하거나 조미료(MSG)를 치는 것은 아닌지, 내가 아닌 포장된 나를 보여주려고 하는 건 아닌지 등을 체크하면서 자기 자신을 냉정하게 돌아봐야 한다. 면접관들에게는 지원자의 대답이 그 순간만 잘 넘기려고 하는 대답인지, 진심에서 우러나온 대답인지 훤히 보인다. 신기하게도 진심은 통하고 사람의 가슴과 가슴은 서로 대화를 한다.

물론 이러한 마음가짐으로 면접에 임했다 할지라도 부적절한 질문이나 부당한 대우를 받을 수 있다. 업무와 상관없는 것들을 물어보거나, 성 차별을 하거나, 지원자를 불편하게 하는 면접관이 있을 수도 있다. 이러한 경험을 한다면 그 회사에 대해 다시 한 번 생각해 보기 바란다. 과연 내가 그 정도 수준밖에 되지 않는 회사에서 일하고 싶은지, 이상한 사람들이 리더로 있는 회사에서 빌빌거리며 일하고 싶은지, 그러한 부당함이 존재하는 회사에서 청춘을 보내고 싶은지에 대해 냉정하게 생각해 보아야 한다. 이 세상에 그 누구도 부당하고 불공평한 대우를 받을 이유는 없다.

더 나아가 가장 이상적인 면접은 자신이 진정으로 하고 싶은 일자리를 찾기 위해 보는 면접이다. 맹목적인 취업을 위해, 대기업이라서, 혹은 기회가 주어졌기 때문에 면접에 임한다면 성공을 기대할 수 없다. 열정을 가지고 그 자리를 위해 최선을 다해 준비한 지원자를 이길 수 없다. 면접을 보기 전에 자신이 진정으로 그 자리를 원하는지, 정말로 하고 싶은 일인지를 스스로가 잘 알고 있어야 한다.

열세 번의 실패를 딛고

대학 생활을 알차게 보내면서 학점도 잘 받았지만, 취업이 쉽지는 않았다. 2학년을 마친 여름에는 부모님 지인이 운영하는 소규모 투자 회사에서 인턴십을 했다. 3학년을 마쳤을 때는 운 좋게 씨티 그룹 개인 자산 운용팀에서 인턴십을 할 수 있었다. 성적도 좋았고 인턴십 경험도 했기 때문에 취업은 걱정 없겠다는 생각으로 4학년을 보내며 다른 학생들처럼 취업 준비와 함께 구직 활동을 했다.

13개 회사 면접에서 모두 탈락

4학년 내내 취업 설명회를 찾아다니며 50여 개 회사에 지원했다. 그중 13개 회사에서 면접(인터뷰)을 보게 되었다. 케이피엠지KPMG, 엑센츄어Accenture, 부즈 앨런 헤밀턴Booz Allen Hamilton, 씨티, 메릴린치

Merrill Lynch 같은 쟁쟁한 회사도 있었고, 규모가 작은 중소기업도 있었다.

그런데 결과는 참담했다. 13개 회사에서 모두 떨어졌다. 처음에는 취업이 어려울 것 같지 않았고, 어떻게든 될 거라는 확신을 가지고 있었다. 큰 충격이었다. 면접에서 모두 떨어지고 망연자실하던 중, 알고 지내던 교수님을 붙잡고 신세 한탄을 했다.

"이렇게 준비하면 된다고 해서 그렇게 했는데, 다 떨어졌어요. 도대체 뭐가 문제인지 모르겠어요."

그러자 교수님은 이런 말씀을 해주었다.

"문재 군, 취업은 소개팅과 같아. 소개팅에 나가면 나만 상대방이 좋을 수도 있고, 상대방만 나를 좋아할 수도 있어. 서로가 좋아해야 이루어지는 게 소개팅인데, 두 사람이 만나서 동시에 호감을 느끼는 건 정말 어려운 일이지. 그러니까 면접도 소개팅이라는 생각으로 많이 해보는 게 좋을 것 같아. 내 생각에는 잘 하고 있는 것 같으니까, 안 된다고 낙심하지 말고 계속 도전해 봐."

소개팅 하듯 상대를 편안하게

교수님의 말씀이 신선했다. '취업을 소개팅으로 비유하다니.' 신기하게도 그 말을 듣고 나서 열네 번째 면접을 본 회사에 입사했다. 그 회사는 앞서 면접에서 떨어진 회사들보다 더 크고 유망한 세계 최고의 금융 기업 중 하나인 모건 스탠리Morgan Stanley였다.

모건 스탠리 면접을 볼 때 다른 면접보다 더 열심히 준비했다거나 더 간절했던 건 아니었다. 그럼에도 합격할 수 있었던 건 열세 번의 실패가 나를 단련시켰기 때문이라고 생각한다. 모건 스탠리 면접이 열네 번째가 아닌 첫 번째나 열 번째였으면 떨어졌을 확률이 높았을 거다. 열세 번의 면접을 보는 동안 나만의 입사 과정을 거치고 있었던 것인데, '취업'이라는 목표에 매몰되어 과정의 중요성을 몰랐던 것이다.

앞서 보았던 열세 번의 면접과 비교했을 때, 특별히 이번 면접을 더 잘 봤다는 생각이 들었던 것도 아닌데 입사한 것이 신기했다. 그래서 '왜 나를 뽑았을까?' 하는 궁금증이 들었다. 입사 후 회사 복도에서 면접관이었던 분 중 한 분과 마주치게 되었다. 그분과 대화를 하면서 선발해 줘서 고맙다는 인사와 함께 왜 나를 뽑았는지 물어보았다. 그의 대답은 의외로 단순했다.

"You had all the required skill sets and experiences, just like everyone else who got to that level. But, what made you stand out was that you seemed very comfortable during the interview and seemed like you have done them plenty of times. That made me feel comfortable talking to you as well. I remembered that positive vibe when making the selection. Then, I thought it would be good to have someone like you in the office.

"서류 전형을 통과하고 면접 단계까지 오는 모든 사람들이 그렇듯, 당신의 능력skill set과 경력은 우리가 요구하는 것에 충분했어요. 그런데 문재 씨가 달랐던 점은 면접을 많이 봐 왔던 것처럼 편안한 느낌이었고, 덕분에 면접을 보는 동안 나도 편하게 진행할 수 있었어요. 그런 긍정적인 느낌이 너무 좋았고, 결정을 하는 과정에서 기억이 났어요. 그리고 당신 같은 사람이 사무실에 있으면 좋겠다는 생각이 들었어요."

'……seemed like you have done them plenty of times.'

'면접을 많이 봐 왔던 것처럼.'이라는 말이 신선하게 다가왔다. 면접을 많이 보았던 것은 사실이다. 그리고 나를 심적으로 힘들게 했던 열세 번의 탈락이 결국 취업하는 데 큰 역할을 한 셈이다.

결과물에 집착하면 과정의 중요성 놓쳐

하지만 줄줄이 실패하면서 한숨을 토해내고 자책만 하던 시간들이 면접 스킬을 키우는 과정이라고 생각해 본 적은 없었다. 한 가지 안타까운 점은 열세 번의 탈락을 겪는 동안 점점 더 힘들어 하고 좌절하는 대신, 이것 또한 나를 키워 가는 과정이라고 생각했으면 어땠을까? 그렇게 생각했다면 6개월의 구직 기간 동안 나를 비롯해 가족과 친구들을 힘들게 하지는 않았을 것이다.

우리 삶에는 결과물보다 과정이 중요할 때가 많다. 하지만 결과물에만 집착한 나머지 과정의 중요성을 놓치고 산다. 학교 성적, 공모전, 작품 활동, 인턴십, 취업, 승진, 사업 도전 등 우리가 20대와 30대를 살아가며 하는 일들에 대한 결과물이 탈락, 낙방, 실패와 같은 네거티브 negative의 연속이 되면 우리는 허탈해하고 실망하고 또 좌절한다. 이러한 나쁜 감정들에 지배당하여 우울해지는 가장 큰 이유 중의 하나는 과정의 중요성을 인식하지 못하고 모든 일에 대한 보상이 결과에만 있다고 생각하기 때문이 아닐까.

우리가 살아가는 동안 무엇을 하더라도 과정에 쏟는 시간이 결과를 만끽하는 시간보다 훨씬 더 길다. 그래서 결과만 바라보는 사고방식을 바꾸지 않으면, 마음을 힘들게 하는 부정적인 시간이 더 많아지게 된다. 또한 결과만 중시하는 사고방식은 미래에만 초점이 맞추어져 현재의 것을 놓치게 된다. '삶은 현재와 미래 모두 즐기는 것'이다. 항상 미래만을 위해 살 필요는 없다.

밝은 미래만 바라보다가 그런 미래가 오지 않으면 어두운 삶이 될 것이다. 스스로를 불행하다고 여기며 고통스러워 할 것이다. 미래에 있는 결과물만 바라보지 말고 그 결과물을 얻기 위한 과정도 즐기는 것이 중요하다.

특정한 경험들만이 나를 만드는 것이 아니고 내가 하는 모든 경험이 나를 만든다. 유명한 사람들의 인생 스토리를 들어보면 실패를 통해 배웠다는 공통점이 있다.

'모건 스탠리 입사'라는 결과만이 나를 만드는 것이 아니고 열세 번의 실패 역시 나의 일부분이다. 그리고 그 경험들은 9년 후 나사 면접에서 합격하는 밑바탕이 되었다.

자신이 도전하는 일의 과정을 즐겨 보자. 무엇을 하건 과정 속에는 반드시 배우는 게 있다. 설령 원치 않는 결과라도 실패한 것은 아니다. 그러니 과정을 즐기자.

Enjoy the process.

나는 얼마나 준비되었는가?

모건 스탠리 입사 2년째가 되어 가던 2010년 어느 날, 첫 승진 기회가 찾아왔다. 보통 첫 승진은 입사 3년차가 되었을 때 가능하다. 그런데 2008년 입사자 중 심사를 거쳐 승진 발령을 하겠다는 사내 공고가 발표되었다. 내가 속해 있던 부서에는 7명의 입사 동기가 있었는데, 그중 한두 명이 승진할 것이라고 상무님Executive Director 이 미리 말씀해 주셨다. 승진 대상자 7명 중에서 나름 일을 잘하고 있다고 생각했던 나는 어쩌면 조기 승진이 가능할 수도 있겠다는 생각에 마음이 부풀어 올랐다.

첫 승진 기회에서 맛본 좌절

2년간의 직장 생활에서 마음가짐에 변화가 있었다. 입사 초기에는 교과서나 뉴스에서만 보고 동경해 왔던 '모건 스탠리'라는 일류 기업에 입사했다는 것 자체가 신기했고, 그런 회사에서 글로벌 금융시장의 일원으로 일한다는 사실에 심취해 있었다. 하지만 회사에 적응하며 바쁘게 업무에 매진하는 등의 반복적인 일상 속에서 그런 감정들은 점점 사그라들었다. 어느덧 사원증을 목에 걸고 번지르르한 건물에 들어가는 게 가슴 두근거리는 일이 아니라 당연한 일이 되었다. 일 자체가 어떤 의미가 있는 게 아니라, 그냥 돈을 버는 반복적인 수단이 되어 버린 느낌마저 들었다.

이렇게 출근과 퇴근을 반복하는 건조한 삶에 승진 기회 소식은 큰 활력소가 되었다. 정확히 왜 그런지는 몰랐지만, 승진만 한다면 반복적인 삶에 반전이 일어나서 가슴 두근거리는 마음으로 하루하루를 살 수 있을 것 같았다. 그래서 승진 심사 발표 날까지 더 열심히 일했다. 회의에 더 적극적으로 참여하고, 동료들과 좋은 관계를 유지하려고 해피 아워happy hour(퇴근 후 가볍게 한 잔 하는 회식)도 더 자주 참석했다. 당연히 부서 상사들과 대화도 더 많이 가지려 했다.

드디어 승진 심사 발표 날. 희망은 여지없이 무너졌다. 7명 중 2명이 승진했다. 그 명단에 내 이름은 없었다. 다음 해를 기약해야만 했다. '모건 스탠리 같은 대단한 회사가 나에게 일거리를 준다는 것에 감사하며 살자'라는 입사 초기의 다짐은 온데간데없어진 상태에서 승진에서까지 미끄러지고 보니 실망감이 컸다. 안 그래도 점점 일과 회사에 대한 의미가 없어지는 시기였는데, 그동안 나의 노력과 업무 실적에 대한 노동의 가치를 회사가 인정하지 않는다는 생각이 들었다. 실망감이 며칠 후에는 화로 바뀌었다. 퉁명스러운 말투와 까칠한 태도가 여과 없이 그대로 드러났다.

객관적으로 자신에게 물어 봐

이를 감지하고 있던 한 상무님이 나를 본인 사무실로 호출했다. 3개월 전 런던에서 미국으로 발령을 받은 맷 포드Matt Ford라는 상무님이었다. 그는 마초적인 느낌이 물씬 풍기는 영국 분이었다. 영국 문화가 미국 문화와 어떻게 다른지 궁금했고, 영국식 영어 발음이 멋있다고 생각했던 나는 맷 상무님과 쉽게 친해질 수 있었다. 맷 상무님이 자신의 인생 스토리를 들려주었다.

금융에 관심도 없이 20대를 보내던 맷 상무님은 취미로 럭비를 했고, 런던에 있는 사회인 팀에 속해 있었다고 한다. 그때 팀 내에 모건 스탠리에 근무하는 사람이 있었는데, 그 사람이 맷 상무님의 운동에 대한 근면 성실한 모습과 뛰어난 팀워크에 감탄하여 스카우트를 했다고 말해 주었다. 그는 입사 후 금융 업무를 하면 할수록 일이 더 좋아졌다고 했고, 그런 마음으로 10년을 일하는 동안 사원Analyst에서 상무로 진급했다. 그의 이야기를 들으면서 이런 생각이 들었다.

'첫 승진 기회에서 미끄러져 화가 나 있는 내게 왜 자기 자랑을 하는 거지?' 그 순간, 맷 상무님이 이야기를 이어 갔다.

그는 10년 동안 모든 승진 기회를 잡은 건 아니라고 했다. 금융 분야에 관심이 없는 상태에서 입사를 했고, 첫 승진 역시 전문 지식이 더 많았던 다른 동기에게 밀렸다고 한다. 그 후 자신의 단점을 보완하는 데 노력을 기울인 결과, 10년 후엔 상무가 되었다고 한다. 첫 승진의 경쟁자였던 동기는 부장Director으로 근무하고 있다고 했다. 마지막으로 오랫동안 기억에 남는 말씀을 해주었다.

"It is better to be promoted when you are ready to perform well at the next level, rather than when you are not ready. If you are promoted when you are not ready in terms of the important factors that are required at the next level, like leadership, skillset, and responsibility, people will notice that your capabilities are not there, and you will just be a bad associate, delaying the next promotion indefinitely.

"다음 단계에서 잘 할 수 있는 준비가 되어 있을 때 승진하는 것이 준비되지 않은 상태에서 급하게 승진하는 것보다 더 좋아. 다음 단계에서 더 중요시 하는 요소들, 즉 리더십, 업무

스킬 그리고 책임감 같은 것들이 준비되지 않았을 때 승진하
게 되면 결국에는 사람들이 너를 무능하다고 생각하게 되지.
그러면 그 다음 승진이 늦어지게 되고."

그는 이어서 계속 말했다.

"Moon, you were number three on the list. You are
good and you have certain strengths that are valuable.
But, there are some areas that you also can improve.
The other two who were promoted have certain types
of skillsets that are really good and also required for
the next level. If you were promoted this time, you
would have started out in the middle tier of the next
level. But, if you can improve in those areas for next
year's promotion, you will start at the top tier of the
next level."

"문재 씨가 세 번째였어. 문재 씨가 정말로 잘 하는, 큰 도움
이 되는 장점이 몇 가지 있어. 하지만 더 노력해야 하는 부분
도 있어. 이번에 승진한 그 두 사람도 뛰어나게 잘 하는 것이
있고, 그 스킬이 다음 레벨에서 필요로 하는 스킬이었어. 문
재 씨가 이번에 승진이 되었다면 다른 대리들과 비교했을 때

중간 레벨밖에 안 되었을 거야. 하지만 지금 부족한 부분들을 1년 동안 개선할 수 있다면, 내년에 대리가 되었을 때 탑 레벨 대리로 시작할 거야."

마지막으로 그는 이렇게 말했다.

"Ask yourself if you are ready. Think objectively about whether you are really lacking in those areas or not. If you don't think so, we can talk about them in more details. However if you think so, let's pick yourself back up. I will help you get to the next level."
"너 자신에게 준비가 되었는지 물어 봐. 자신에게 부족한 부분이 무엇인지 객관적으로 자신에게 물어 봐. 그런 부분이 없다고 생각하면 디테일하게 한 번 얘기해 보자. 내 말이 옳다고 생각하면 기운 내서 파이팅하고, 문재 씨가 다음 레벨로 올라갈 수 있도록 내가 도와줄게."

준비 됐어?Am I ready?

승진 심사 결과에 불만족이 가득한 상태로 씩씩거리며 들어갔던 나는 맷 상무님 집무실에서 평온한 마음으로 나올 수 있었다.

그의 말이 전적으로 옳았다. 나에게는 부족한 부분이 분명히 있었다. 다른 직원들에 비해 처리하는 업무량은 많았지만, 대리급에서는 반복적인 업무를 처리하는 것만으로는 부족하다는 생각이 들었다. 승진한 경쟁자들에 비해 커뮤니케이션 스킬도 부족했고, 업무의 큰 그림을 보는 능력에서도 부족한 부분이 있었다. 이런 상태에서 대리로 승진했다면 일을 잘 못하는 대리가 되었을 것이다. 승진하고 싶은 마음 때문에, 나 자신을 객관적으로 보지 못했다. 그러고는 '승진 실패'라는 결과만으로 화가 나 있었던 것이다.

맷 상무님과의 대화는 나에게 거울과 같은 역할을 했다. 나중에 과장으로 승진 신청을 했을 때, 석사 과정을 위해 대학원 입학 원서를 제출했을 때, 그리고 NASA에 취업하기 위해 지원서application를 제출했을 때, 나 자신에게 물어보았다.

'준비 됐어?Am I ready?'

자신이 원하는 자리에 가기 위한 준비가 되었는지를 스스로에게 끊임없이 물어봐야 한다. 주관적인 입장에서 벗어나 객관적으로 자신을 보았을 때, 답이 'Not Ready'이면 어떤 면에서 준비가 부족한지를 생각해서 보완하면 된다. 준비가 되지 않았다면, 그 위치로 올라갈 자격이 없는 것일 수도 있다. 스스로 준비되지 않은 상태에서 도전했다가 실패하는 것은 당연하다. 그러니 슬퍼하거나 좌절할 필요가 없다. 정

말로 그 위치에 오르고 싶다면, "I am ready!"라고 말할 수 있는 '나'가
되기 위해 노력하면 되지 않을까?

오늘이 나에게 선사하는 소중한 선물

　　미국에 있는 많은 유학생들은 버티는 삶을 산다. 학기 내내 힘든 외국 생활을 방학이 되면 한국에 갈 요량으로 버틴다. 그냥 버티는 생활을 하기 때문에 수업만 왔다 갔다 하고 꼭 해야 하는 숙제와 공부만 하는 경우가 많다. 대학에는 동아리 활동, 교외 활동, 연구 참여, 네트워크 확장, 미국 생활 탐험, 현지 여행, 학생 자격으로 컨퍼런스 참여, 지식 교류 등 다양한 기회의 공간이 있다.

　그런데 '학생'이라는 신분으로서 받을 수 있는 그 기회들을 외면하곤 한다. 그러고는 모든 것을 한국에 가는 여름 세 달과 겨울 한 달로 미루고 하루하루를 버티기만 하며 살아간다.

　결국 1년 12개월 중 적극적으로 경험하는 기간은 4개월뿐이다. 나머지 8개월은 수동적인 삶을 산다. 결국 비효율적으로 시간을 사용하게 되고, 대학 생활이 끝나는 20대 중후반에는 학위 외에는 딱히 이렇다 할 성과나 경험 없이 사회로 나가게 된다. 나 역시 그랬다. 1, 2학년 때는 그렇게 살았다. 주위 사람들 대부분이 그랬고, 지난 몇 년간 만나온 한인 유학생들 중 상당수가 그랬다.

지금 할 수 있는 것들이 소중하다

전 세계의 많은 유학생들도 다르지 않다. 시간이 지나가는 속도가 얼마나 빠른지는 지나가고 나서야만 알게 된다. 그래서 지금 있는 순간과 시간이 어느 정도 유지가 될 거라 생각한다. 그래서 그때에만 할 수 있는 것들을 놓치게 된다. 사람들은 흔히 나중에 돈 벌면 할 수 있는 것들, 나중에 사회 생활에서 할 수 있는 것들, 나중에 대학교를 졸업하면 할 수 있는 것들에 대해 많은 생각을 한다. 하지만 지금 이 시간에만 할 수 있는 것들에 대해서는 도외시 하는 경우가 많다. 지금 할 수 있는 것들이 얼마나 소중한지 그 특별한 가치를 느끼지 못하기 때문이 아닐까.

영화 「비긴어게인Begin Again」의 OST인 「로스트 스타즈Lost Stars」를 접하고 이런 생각을 해본 적이 있다.

"God, tell us the reason youth is wasted on the young."

"신이시여, 청춘이 젊은이들에게 낭비되는 이유를 알려 주세요."

돌아오지 않을 지금이라는 순간을 내가 낭비하며 살고 있는 것이 아닌지……. 언제쯤 나는 오늘을 즐길 수 있을지…….

이런 생각들을 해보았다.

안타깝게도 방학만을 위해 1년 중 8개월을, 취업을 위해 20대의 절반이 넘는 시간을, 집을 사고 가족을 꾸려 나가기 위해 30대의 전부를, 은퇴 후의 삶을 위해 내 인생의 3분의 2를 사는 것이 지금 우리가 하루를 사용하는 방식이다.

오늘이 나에게 선사하는 선물

20대 후반에 취직을 하려고 자신의 20대 초반을 버릴 필요는 없다. 20대 초반에만 할 수 있는 것들, 대학생만이 할 수 있는 것들이 있다. 예를 들어, 단기 어학연수나 교환학생 같이 졸업을 하고 나면 못 하는 것들이 있다. 다른 나라에서 살아 볼 수 있다는 것은 엄청난 기회다. 배우는 것도 많고 자신의 생각을 넓혀 줄 수 있는 둘도 없는 기회다.

더 나아가 회사 생활을 하게 되면 오히려 자신에게 주어진 자유 시간은 줄어든다. 하루 10시간 이상을 전쟁터 같은 회사에서 보내면 남은 시간을 주도적으로proactive 보낼 원동력이 떨어진다. 몸, 정신, 마음이 지치게 되어 아무것도 안 하는 시간을 찾게 된다. 삶은 온전히 내가 계획하고 원하는 방식으로 돌아가지 않기 때문에 지난날의 내가 '나중이 되면 하고 싶다'고 생각했던 것들은 시간과 함께 서서히 잊히고 만다.

미래 지향적인 삶을 추천하지만 미래만을 바라보고 사는 삶은 청춘을 낭비하는 삶이 아닌가 생각한다. 미래만을 위해 현재를 버리고 오늘이 나에게 선사하는 기회를 놓치는 생활을 하고 있지 않은지 자기 자신을 돌아봐야 한다.

'YOLO(You Only Live Once)'라는 말이 괜히 나온 말은 아니라고 생각한다. 항상 미래만 바라보며 버티는 삶을 살다 지친 현대인들이 그러한 틀 안에서 벗어나기 위한 선전포고 같은 말이다. 아직 다가오지 않은 미래를 걱정하면서 지금 이 순간을 놓치지 말자.

Do not limit yourself for the future.

생각한 대로

2011년 초였다. 홍콩에서 근무를 시작하고 몇 달 후에 한국을 방문했다. 친한 친구와 만나 정자동 카페 거리에서 맥주를 한 잔 마시는데 친구가 물었다.

"넌 나중에 뭘 하고 싶어?"

"나? 뭐 모건에서 일하면서 높은 자리로 올라가야겠지?"

"아니, 해야 하는 것 말고, 네가 진짜 하고 싶은 걸 나중에 한다면?"

잠시 생각에 잠겼다. 그때 나는 홍콩에서의 삶에 익숙해져 있었고, 일하는 이유에 대한 공허함을 느낄 때였다. 그때도 개인적인 관심사는 우주개발이었기 때문에 친구에게 말했다.

"언젠가는 우주산업이 커질 텐데, 나는 가능만 하다면 그때를 대비해서 우주개발 쪽에서 정말 일해 보고 싶어."

‘우주산업’이라는 단어를 처음 들어본 친구는 무척 궁금해 했다. 나는 얕은 지식으로 친구에게 우주산업에 관한 얘기를 했다. 그 친구도 자신의 꿈을 들려주었다. 우리는 그날 밤 서로의 꿈을 위해 파이팅을 외쳤다.

몇 년이 지나 우주정책을 공부하기 위해 대학원 입시를 준비한다고 친구에게 소식을 전했다. 그러자 그 친구는 "야, 진짜 말하던 대로 되네?"라고 했다.

그리고 얼마 후 나는 내가 오랫동안 꿈꿨던 우주산업 분야의 일원이 됐다. 돌아보니 진짜 말하고 생각했던 대로 된 셈이다. 바쁜 생활 속에서 틈틈이 우주개발 및 우주산업에 대한 뉴스를 읽고 혼자 검색을 할 때마다 '언젠가는 이쪽에 관련된 일을 하고 싶다'고 생각했었다. '금융권에서 일하는 내가 우주개발과 관련해서 무슨 일을 할 수 있을까?'라는 생각도 해보았다. '민간 우주산업 기업도 기업 공개를 통해 증권거래소에 상장할 수도 있으니, 그렇게라도 될 수 있게 지금 주어진 일이라도 잘 해야겠다'는 다짐도 늘 잊지 않았다.

상상했던 것처럼 우주산업 분야는 아니지만, 결국 우주와 관련된 분야에서 일하는 사람이 되었다. 종종 그런 생각을 하지 않았다면, 결코 이루어지지 않았을 것이다. 일에 대한 공허함이 커져 갔을 때마다 내 꿈을 떠올렸고, 우주개발에 기여하고 싶다는 생각을 끝내 행동으로 옮겼던 것이다.

우리는 '기회는 준비된 자에게 온다'는 말을 흔히 듣는다. 하지만 '준비'라는 말은 너무나 광범위하다. 공부도 준비고, 경험도 준비고, 모든 일이 사실상 준비라는 생각이 든다. 그래서 나는 그 준비의 시발점이 무엇인지 생각해 보았다. 그 결과 '모든 준비는 생각에서부터 시작한다'고 개인적으로 정의를 내렸다. 나는 유재석과 이적이 부른 노래 「말하는 대로」를 들으면 늘 가슴에 울림을 느낀다.

"Think good and good follows.
Think evil and evil follows.
You are what you think all day long."

좋은 일을 생각하면 좋은 일이 생긴다.
나쁜 일을 생각하면 나쁜 일이 생긴다.
당신은 당신이 하루 종일 생각하고 있는 것 바로 그것이다.

– 조셉 머피Joseph Murphy, 작가

한국 vs 미국 vs 홍콩

미국, 홍콩 그리고 한국. 이렇게 세 곳에서 일을 해본 특이한 경험 때문에 많이 받는 질문 중 하나는 근무 환경의 차이에 대해서다.

우선 한 사람이 하루의 업무 시간인 8시간 동안 할 수 있는 업무가 100이라고 하면 미국은 80 정도의 업무를 할당한다. 그 80 정도의 업무를 하루 동안 완벽히 수행하기를 기대한다. 100이 아닌 80 정도이기 때문에 업무를 꼼꼼히 잘 할 수 있는 여유가 있다. 홍콩은 95 정도의 업무가 할당된다. 업무 시간 동안 미국보다 더 바쁘긴 하지만 그래도 한숨 돌리고 일할 수 있는 여유는 있다. 한국은 한 명에게 120 정도의 업무량이 부여된다. 8시간 동안 미친 듯이 일을 한다. 모든 업무의 흐름이 딱딱 맞아떨어져야 8시간 안에 끝낼 수 있지만, 그런 날은 흔하지 않다. 어디선가 일이 터지기 마련이고, 그렇기 때문에 8시간 이상은 일해야 한다.

두 번째는 워라밸work-life balance(일과 생활의 균형)이다. 앞에서도 말했지만 개인과 독립적인 성향이 강한 문화를 가진 미국이기 때문에 '나 자신이 존재하기 때문에 회사라는 조직이 존재한다'는 사상이 있다. 나 자신이 먼저 평화를 찾고 스트레스를 덜 받아야 회사가 좋아진다는 문화가 강하다. 그렇기 때문에 직원들의 워크 라이프 밸런스를 중시한다. 나에게 주어진 휴가를 사용하는 것에 대해 제지를 많이 받지 않고 질문도 받지 않으며, 서로가 서로의 타임오프를 존중해 준다. 홍콩도 서양 사람들이 많은 곳이기 때문에 워라밸은 미국과 비슷했다.

반대로 한국은 회사와 조직이 존재하기 때문에 내가 먹고 살 수 있다는 문화가 강하다. 때문에 워크 라이프 밸런스에서 워크 쪽으로 조금 더 포커스가 맞추어진다고 느꼈다. 사회 자체가 "그래도 해야지 어떻게? 회사에서 하라는데 어떻게? 그래도 조금만 도와줘 봐……. 회사 생각도 해야지."라는 생각들을 직간접적으로 주입시키는 경향이 강하다. 그럼으로써 자신의 라이프는 우선순위에서 밀리게 된다. 휴가를 낼 때도 회사에 맞춰 내야 하므로 쉬는 것도 눈치를 봐야 한다. 우선적으로 조직을 먼저 생각해야만 한다.

아이러니컬하게도 한국의 최고 장점은 이러한 조직 문화에서 비롯되는 것 같다. 조직이 잘 돌아가는 것에 포커스가 맞추어졌기 때문에 한국은 팀원들끼리 끈끈하다. 서로가 서로에 대해 더 잘 알고, 서로의 삶에 더 깊게 들어와 있기 때문에 한국 특유의 정이라는 것이 느껴진다.

하루 동안 미친 듯이 전쟁을 치르고 나면 무엇인가 함께 이루었다는 성취감이 들기 마련이다. 이 성취감은 평소에 싫어했던 사람에게까지 동지애를 싹트게 하곤 한다. 미국에서는 각자 따로 알아서 점심을 먹지만 한국은 여럿이서 먹는 스타일이다. 밥을 같이 먹게 되면 사생활에 대해 얘기하기도 하고 서로에 대해 더 잘 알아 가게 된다. 이렇게 업무적이지만 않고 조금 더 친밀한 시간을 나누기 때문에 그냥 회사 사람, 그냥 직장 동료보다는 친구에 더 가까운 관계가 형성되는 것 같다. 다른 나라에서도 회사 사람들과 친한 친구가 되었지만 서울 오피스 분들에게 느끼는 것과는 다르다. 이러한 끈끈한 정 때문에 한국을 방문하면 꼭 광화문 모건 스탠리 사무실을 들르게 된다. 물론 지속적으로 연락을 주고받는다. 한국의 정은 참 매력적이다.

물론 이와 같은 내 생각이 세 지역에 대한 보편적인 인식이라고 할 수는 없다. 업계마다 다를 테고, 회사마다 다를 것이고, 또한 팀의 구성원에 따라 다를 것이다. 지극히 내 개인의 의견이고, 내 경험을 통해서 느꼈던 점들이라고 이해해 주기 바란다.

"Carpe Diem"

오늘을 잡아라.

- 호라티우스의 시 Odes 중

많은 것들이 생각한 대로 이루어진다

내가 일을 하는 이유가 돈이라면?

우리는 어렸을 때부터 열심히 공부해서 좋은 학교에 들어가고, 좋은 회사에 취직하는 것이 좋은 인생이라고 주입식으로 교육받아 왔다. 우리는 그렇게 살아가는 것이 왜 좋은지에 대해 진정으로 설명해 주는 사람도 없이 계속 그 방향으로 떠밀려 살아가곤 한다. 학교에서 공부를 할 때 하기 싫은 공부를 왜 해야 하는지 모른다. 회사에서 일을 할 때도 마찬가지다. '이 일을 왜 하고 있지?'라는 생각을 머릿속에 두고 있으면 마음속 공허함은 점점 커져 간다. '하아… 내가 무슨 부귀영화를 누리려고 이걸 하고 있나…'라는 생각은 누구나 해보았을 것이다. 나 또한 마찬가지였고, 그 공허함을 이기지 못했다.

쉽지 않았던 모건 스탠리 퇴사 결정

모건 스탠리는 대단한 회사다. 세계 경제의 기반이 되는 금융시장에서 가장 영향력 있는 회사 중 하나이고, 연간 매출액이 40조 원이나 되는 어마어마한 규모의 회사다. 회사를 운영하는 경영 시스템 또한 체계적이고, 직원들 대우도 최고 수준이다. 같이 일하는 사람들 또한 뛰어난 인재들로 구성된, 요즘 말하는 좋은 회사로 전혀 손색이 없다.

이렇게 좋은 회사를 퇴사하기까지의 결정은 쉽지 않았다. 매달 들어오는 꽤 많은 월급에 맞추어진 나의 라이프 스타일에 변화를 주어야 하는 게 큰 걱정거리였다. 만 스물아홉 살에 새로운 공부를 하는 것도 두려웠다. 안정적인 삶을 포기하고 기한 없는 불안정적인 생활을 한다는 것이 괴로웠다. 그리고 많은 장벽들이 있었다. 그럼에도 퇴사 결심을 할 수 있었던 가장 큰 원동력은 뚜렷한 이유 없이 살아가는 반복적인 삶 속에서 채워지지 않는 공허함 때문이었다.

2008년 여름 입사 후 바쁘게 지내며 첫 사회 생활에 익숙해질 2010년 초였다. 처음으로 내가 일을 하는 이유에 대한 의문이 들었다. '나는 무엇 때문에 일을 하지? 아침에 일어나서 출근하는 게 진짜 싫은데, 왜 매일 출근해서 회사와 클라이언트를 위해 일을 하지? 그냥 평생 이렇게 사는 건가?' 여러 의문이 나를 서서히 지배하려는 찰나에 신기하게도 회사는 나를 홍콩으로 보내 버렸다.

반복되는 일상에서 찾아온 의문들

그렇게 2010년 6월부터 홍콩에서 근무하게 되었다. 한동안 새로운 도시에 새로운 삶에 적응하며 바쁘게 보냈다. 적응 기간이 끝나고 새로웠던 것들이 일상이 되어 가던 즈음, 다시 일하는 이유에 대해 생각하기 시작했다. 내 속을 들여다보기라도 한 듯이 회사는 또 나를 서울로 발령을 냈다.

2011년 8월에 시작한 서울 생활. 새로웠다. 새로운 일을 배우며 새로운 사람들을 알아 갔다. 마음이 맞는 새로운 친구들을 만드는 즐거움이 있었다. 술도 엄청 늘었으며, 서서히 서울 사람이 되어 갔다. 사랑하는 조국으로 돌아와 일하며 사는 것은 어렸을 때부터 희망했던 바람이었다. 부푼 마음으로 하루하루를 보냈다.

하지만 시간이 흘러 서울에서의 삶도 관성적으로 변해 갔다. 매일 아침 눈을 뜨면 '아, 일하러 가기 싫다.'라는 생각이 절로 일었다. 출근하여 퇴근까지의 근무 시간이 즐겁지가 않아졌다. 일 자체가 의무적으로 느껴졌다. 이런 반복적인 일상 속에서 미국과 홍콩에서 떠올렸던 의문이 다시 일어났다. 환경의 변화에 휩쓸려 잠시 공허함을 잊었던 것이다.

즐겁고 행복하고 만족감이 높은 삶을 살고 싶다는 생각이 가득했다. 눈을 뜰 때부터 퇴근까지의 12시간이라는 시간 동안 그런 감정을 찾기는 어려웠다. 12시간이면 하루의 반이다. 그러면 인생의 반이라는 시간인데, 일을 왜 하는지도 모르는 채 그 시간을 보낸다는 게 답답했다. 선배와의 대화가 생각났다. 그 선배는 이렇게 말했다.

"돈 때문에 일하지 뭐 있나? 돈 벌어야 살잖아. 그냥 이렇게 돈 벌다 결혼하고, 애 낳고 하는 게 삶이야."

당시 20대 후반이었던 나는 그 말을 납득할 수 없었다.

내가 일하는 이유가 돈이라면

'돈을 벌려고 일을 한다? 돈이 있어야 내가 사고 싶은 것을 살 수 있기 때문에? 그러면 나는 뭔가를 사기 위해 일을 하나? 뭘 사면 내가 기쁘지? 순간적인 기쁨은 있지만 지속이 되는 기쁨은 아닌 것 같은데? 돈을 벌어서 정확히 뭘 하려고 이러지? 돈이 나를 행복하게 해주나?'

여러 생각들이 복잡하게 얽힌 채 머릿속에 가득했다.

입사 7년차가 되었을 때 세후 월급은 신입 때보다 약 두 배 정도가 되어 있었다. 한국이 미국보다 세금이 낮은 것도 큰 기여를 했다. 돈이 내가 일하는 이유라면, 그 돈으로 만족감이나 행복감이 생겨야 했는데, 그것은 두 배가 되지 않았다. 두 배는커녕 그냥 그대로였다. 돈이 많으면 편할 수 있어도 행복한 것은 아니었다. '돈을 버는 것이 내가 일하는 이유'라는 것을 받아들이기 어려웠다.

만약 내가 일을 하는 이유가 돈이라는 가정 하에 앞으로의 인생을 그려 보았다. 일을 하는 이유가 정작 돈이라면, 돈이 많으면 많을수록 좋을 것이라고 생각했다. 하지만 돈이 굉장히 많은 억만장자가 될 길이 보이지는 않았다. 모건 스탠리의 전무도 억만장자가 아닌 월급을 받는 회사원인데, 회사에 계속 남는다고 해서 억만장자가 될 것은 아니었다. 만약 내가 이 일을 하는 이유가 돈을 벌기 위해서인데, 이 일로 억만장자가 되지 못할 것이면 굳이 이 일을 고집할 필요가 없다는 생각이 들었다.

내가 생각하는 우주 일은 가치 있는 일

'돈 말고 내가 일을 하는 더 큰 이유가 있을 것 같은데……. 무엇인가 인생에 더 큰 의미가 있는 것 같은데…….'

의문은 더욱 깊어졌고 출구를 찾아야 했다.

사람들은 내가 모건 스탠리에 다니는 것을 부러워했다. 하지만 공허한 직장 생활을 하고 있었기에 남들이 생각하는 것만큼 마냥 행복하고 좋은 나날들을 보내지는 않았다. 오히려 거짓 모습을 하고 있는 내 모습에 괴리감을 느꼈고, 이것에서부터 빨리 벗어나야 한다는 강박감이 커져 갔다.

내가 좋아서 하는 일을 찾기로 결심했다. 정말로 하고 싶은 일이 무엇인지 생각하면서 자신보다 더 큰 무엇인가를 위해, 작더라도 한 부분이 되어 기여하고 싶은 마음을 키워 나갔다. 세상을 더 좋게 만드는 그런 일을!

그런 일이라면 살아가야 하는 합당한 이유가 될 수 있을 것 같았다. 또 하루 10시간 이상을 일해도 질리지 않을 것 같았다. 내 꿈은 우주에 있다는 걸 확인했다. 대학교 때부터 하고 싶었고, 흥미와 관심이 깊은 그 일. 내가 생각하는 우주는 인류의 미래를 위한 가치 있는 일이었다.

* 모건 스탠리에 근무하는 분들이 모두 나처럼 공허함을 느끼면서 사는 게 아니라는 점을 말하고 싶다. 내가 그곳에서 이유를 찾지 못했던 것뿐이지, 그 안에서 자신만의 이유를 찾아 열심히, 그리고 만족하면서 일하는 사람들은 많다.

"Knowing your purpose gives meaning to your life."
자신의 목적을 아는 것이 인생의 의미를 부여한다.

– 릭 워렌Rick Warren, 『목적이 이끄는 삶The Purpose Driven Life』 중에서

생각보다 잃은 건 적다

만으로 스물두 살부터 스물아홉 살이 될 때까지 모건 스탠리 한 회사에 몸을 담았다. 그동안 세 나라를 옮겨 다니며 얻게 된 '과장'이라는 직책과 그에 따라오는 연봉은 큰 자산이었다. 그렇기에 우주개발이라는 새로운 길을 가보고 싶다는 생각이 들었을 때, 이 자산들을 잃어버린다는 생각에 퇴사를 망설였다. 같은 업계 다른 회사로 옮기는 것이었으면 그 피해가 크지 않겠지만, 확연히 다른 분야 일을 하려고 했기 때문에 걱정이 앞섰다.

연봉은 올라갈수록 포기하기 힘들다

8년을 모건 스탠리에서 일하면서 쌓아 온 자리를 떠나 새로운 곳에 도전한다고 했을 때 처음 머릿속에 떠오른 생각은 '아깝다'였다. 이 모든 것이 한순간에 증발하는 것이 아닐까 하는 두려움에 망설일 수밖에 없었다.

나이를 먹으면 먹을수록 새로운 도전을 하는 것은 확실히 어려운 법이다. 시간이 지날수록 해왔던 것에 더 익숙해지고 자신의 안전망 safety net이 강화되기 마련이다. 연봉은 올라가면 올라갈수록 포기하기 힘들어지고, 내가 쌓아 온 것이 많다는 생각이 들면 그만큼 내려놓기가 더 어려워진다. 그래서 20대 후반이나 30대가 되면 당장 하는 일이 싫고 삶이 공허하다 해도 새로운 방향으로 발을 내밀기가 어렵다.

운이 좋게도 나에게 이러한 걱정과 우려를 떨쳐내게 해주는 계기가 있었다. 친한 친구 중 여러 가지 직업을 가져 본 친구가 있다. 20대 초반부터 온갖 일을 경험한 이 친구는 처음엔 사진작가였다. 이후 광고 회사에서도 일해 보고 조경 회사에서도 일했다. 그 외에 인테리어 시공 경험도 있다. 내가 그를 만날 당시에는 철조물을 디자인하는 회사를 다니고 있었다. 그는 말을 직설적으로 하는, 자기만의 색깔이 강한 친구였다. 술자리에서 그가 말했다.

"제발 안주하지 마라."

"잃을 게 뭐가 그렇게 있다고 두려워해?"

처음 이 말을 듣는 순간 기분이 좀 상했다. 대기업에서 열심히 일해 과장 자리까지 올라간 내게 왜 이런 말을 하는지 의아했다. 나는 방어적인 대답을 하게 됐다.

"나? 나 안주한 적 없는데? 나 안정적으로 일 잘하고 있는데 뭔 말이야?"

그 순간 '아차!' 했다. 안정적으로 일하는 것이 잘 하고 있다고 생각하는 것 자체가 안주하는 것이 아닌가. 내 말 자체가 모순이라는 걸 깨달았다. 심지어 내 생각 자체가 좀 오만하지 않나 싶었다. 친구는 내 생각을 족집게처럼 파악한 듯 말을 이었다.

"문 킴, 내가 봤을 때 너는 모건 스탠리에서 일하는 것 자체에 엄청난 프라이드가 있어. 물론 열심히 해서 그 자리까지 갔겠지. 근데 너 지금 회사 가서 하루하루 그냥 일하지, 최고가 되려고 너 자신을 끌어올려? 모건 스탠리 과장인 게 인생의 끝인 양 마냥 만족하고 있잖아."

틀린 말이 하나도 없었다. 친구의 직설적인 말에 인지하지 못하고 있던 내 모습이 고스란히 담겨져 있었다. 하지만 순간 인정하면 진다는 생각에 쿨하게 대처해야겠다는 생각이 들었다.

"야, 네가 뭐라고 나를 판단해. 나 열심히 하고 있어 ㅋㅋㅋ 이상한 말 하지 말고 술이나 마셔."

자신에게 솔직하지도 못하고 전혀 쿨하지 않은 말을 하고 말았다. 그러자 이 친구가 도저히 반박할 수 없는 말을 꺼냈다.

"너를 더 성장시킬 수 있는 네가 그 프라이드에 갇혀서 안주하는 것 같아. 너 자신에게 '난 지금 잘 하고 있어.'라고 말하는 게 뭔가에 도전하는 과정에는 큰 힘이 되겠지만, 원래 해왔던 것을 하는 사람에게는 오만이야. 뭐가 그렇게 대단하다고 그 자리에서 만족하고 안주하면서 혼자 잘 하고 있다고 생각하는 거지? 네가 모건 스탠리에서 최고가 되겠다고 생각하는 게 맞지 않아? 그리고 지금 삶이 없어지는 것이 두려워서 그 자리에 가만히 있는 거 같아. 네가 잃을 게 뭐가 그렇게 있다고 두려워해? 고작 스물여덟 살에 잃을 게 너무 많다고 생각해서 앞으로 나아가지 않는 건 좀 웃기지 않아? 내가 말을 직설적으로 해서 좀 불편하게 들릴 수도 있는데, 한 번 잘 생각해 봐. 지금 너의 삶에 진심으로 만족하는 건지, 아니면 잃을 것이 많다는 생각에 두려워서 더 나아가지 않아도 된다고 너 자신에게 변명하는 건지. 만약 후자라면 잃을 걸 생각하지 말고 조금 더 너 자신을 푸시해서 얻을 수 있는 것을 생각해 봐. 안주하는 순간부터 네 인생에 발전은 없어. 끝인 거야."

내가 이룬 것, 나에게 중요한 것

친구의 말은 송곳처럼 예리했다. 직설적으로 퍼붓는 친구의 독설(?)이 가슴을 후비며 찔러 왔다. 내 뇌리를 강하게 뒤흔들었다. 고맙게도 나를 반성하고 나 자신을 새로운 관점에서 평가하게 만들었다. 그날 이후 '내가 이루어 놓은 것들'을 나열해 보았다. 나를 다시 생각해 보기 위해서다.

모건 스탠리. 금융권. 과장. 사회에서의 위치.

그리고 이것들이 나에게 왜 중요한지를 생각해 보았다.

나에게 금융권 톱클래스인 모건 스탠리와 과장이라는 직책은 남의 시선 때문에 중요했다. 그 자리 자체가 의미가 있다기보다는 사회에서 부여하는 의미였다. 남들이 부여하는 의미에 심취해 그 자리가 중요하다고 생각했던 것이다.

내가 이룬 것들의 두 번째는 돈이었다. 스물여덟 살에 나는 같은 또래에 비해 많은 월급을 받고 있었다. 처음에는 새로운 길로 가게 되면 이 돈을 다 잃는다고 생각했었다. 그래서 당시에 받는 월급과 0원의 삶을 비교해 봤다. 어두컴컴한 길로 가는 생각을 하면 최악의 상황을 떠올리지만 현실은 꼭 그렇지 않다. 학생이 되어 아르바이트를 하면 최저임금을 벌어 월 150만 원이라도 벌 것이다. 열심히 해서 내가 원하는 업계로 취업하면 최소 200~300만 원은 벌 수 있다. 곰곰이 생각해 보니 모건 스탠리에서 받았던 월급이 더 이상 무너져서는 안 되는 탑은 아니었다. 대학 생활을 하며 더 적은 돈으로 살아 봤고, 돈이 더 많아졌다고 해서 내 인생이 행복해진 것은 아니었기 때문이다.

더 나아가 생각을 해보니, 내가 돈을 따라가지 않아도 돈이 나를 따라 오고 있었다. 모건 스탠리에 처음 입사했을 때 초봉이 많지는 않았지만 생활하는 데 큰 지장은 없었다. 그리고 매년 오르는 월급에 맞추어 살다 보니 몇 년 후 월급은 배가 되어 있었다. 그래서 새로운 일을 해도 지금 버는 것만큼 많지는 않겠지만, 내가 진심으로 열정을 가지고 열심히 일하면 언젠가는 또 이만큼 벌 것이라고 생각했다.

싸가지(?) 없는 친구의 말이 맞았다. 나의 안전망은 편했다. 편해서 안주하고 있었고 나 혼자 자화자찬을 하고 있었다. 나는 잘하고 있으며 이루어 놓은 것이 많다고 생각하고 있었던 것이다. 이루어 놓은 것이 많아서 잃을 것이 많다고 생각했고, 그 생각이 나를 붙잡고 있었다. 하지만 내가 이루어 놓았다고 생각하는 것은 고작 내 직업에 대하여 타인이 정의내린 의미와 매달 들어오는 월급뿐이었다. 내가 이루어 놓은 것들이 없어지는 것이 두려웠는데 조금 더 생각해 보니 그것들이 없어져도 내 인생이 끝나는 것은 아니었다.

진심으로 원하는 것이 아니라면 안주하지 않아야

내가 자주 가는 인터넷 커뮤니티에는 "나 지금 하는 일이 너무 싫은데 때려치우고 새로운 걸 하기엔 늦었어? 그냥 다녀야 돼?"라는 식의 질문이 자주 올라온다. 새로운 도전을 시작하기에 늦었다고 생각하는 데는 두 가지 이유가 있다.

첫 번째는 사회에서 정해 놓은 나이에 맞는 성공의 기준을 의식하기 때문이다. 20대에는 취업을 해야 되고, 30대에는 얼마 정도 벌어야 된다는 사회의 기준이 있다. 하지만 늦은 나이에 새로운 일을 시작해서 성공한 사람의 예도 충분히 많다. 디자이너 베라 왕Vera Wang은 마흔 살에 디자인을 시작해서 세계적인 브랜드의 디자이너가 되었다. 레이 크룩Ray Kroc은 아이스크림 기계 판매원으로 일하던 중 쉰두 살에 캘리포니아 주에 있는 작은 햄버거 가게를 알게 되었다. 그는 햄버거 가게 주인으로부터 회사와 판권을 인수하여 프랜차이즈화 하는 데 성공하여 오늘날의 맥도날드로 키웠다.

이들보다 조금 더 평범한 사람들도 있다. 모건 스탠리를 퇴사하고 들어보지도 못한 우주정책 공부를 시작했을 때, 나는 서른 살이었다. 내게 독설을 퍼부었던 친구는 서른한 살에 요리 전문학교에 입학해 지금은 청담동에 위치한 프렌치 레스토랑의 수석 셰프가 되어 성공 가도를 달리고 있다.

두 번째는 '현재 자신이 이루어 놓은 것만큼 이루지 못하면 어떡하나?' 하는 걱정이다. 자신이 이루어 놓은 것들이 정말 무엇인지, 그리고 그것들이 자신에게 중요한지를 되묻다 보면 그 걱정은 서서히 사라진다고 생각한다. 나는 그것들이 없으면 내 인생이 이겨낼 수 없을 정도로 바닥을 칠 것인지를 생각해 본 적이 있다. 그렇지 않다는 생각에 나는 과감해질 수 있었다. 무엇보다 본인이 하고 싶은 일에 도전해 볼 만한 가치가 충분히 있다고 여겼다.

현재의 삶의 방향이 진심으로 원하는 것이 아니라면, 그 자리에서 안주하지 않아야 한다는 것이 내가 배운 최고의 금과옥조다. 신기하게도 이렇게 하다 보면 자연스럽게 돈도 따라온다는 걸 느꼈다. 꿈을 향해 뛰다 보면 기존에 이룬 것들은 물론, 그 이상으로 만족감과 자신감을 얻고 진정으로 즐길 수 있는 삶을 찾을 수 있다는 믿음을 갖게 되었다.

You don't have too much to lose.

결과를 두려워하지 않는 삶. 너무나 멋진 말이다.

Dok2의 노래 「I don't know」의 노랫말이 떠오른다.

'꿈을 좇다 보면 오게 돼 있어.'

용기 내어 우주를 향해 펼친 꿈

2004년, 대학교에 입학했을 때는 꿈이라는 게 없었다. 고등학교를 졸업하고 대학에 가는 것은 당연히 주어진 유일한 길이었다. 부모님도 고등학교 졸업 후 대학교에 진학하셨고 우리 형도 그랬다. 내가 존경하는 분들이 하셨던 것처럼, 대학을 가는 것은 당연하다고 생각했다. 이것에 대한 의문은 전혀 없었다.

특별한 꿈이 없었던 학창 시절

대학을 졸업하면 내가 하고 싶은 일을 할 수 있다고 막연히 믿고 있었다. 딱히 하고 싶은 일은 정한 것은 아니었지만, 돈을 벌고 싶었다. 컴퓨터공학을 전공하면 돈을 많이 벌 수 있다고 들었지만, 당시 나에게 수학, 과학은 버거운 과목이었다. 경영학과를 나오면 취업이 수월하다고 해서 경영학을 전공하기로 마음먹고 두 학교에 지원했다.

첫 번째는 뉴욕에서 살아보고 싶은 마음에 뉴욕대를 지원했다. 두 번째는 내가 살던 주에 있고 친형이 재학 중이던 메릴랜드 주립대학이었다. 전자는 떨어지고 후자에 붙었다. 메릴랜드 주립대학 경영학과에 진학해서는 취업이 잘 된다는 금융finance 전공을 택했다. 특별히 꿈이라는 것은 없었다.

고등학교를 다닐 때 그래 왔듯이 대학교에서도 그냥 주어진 공부를 했고, 남들과 다른 생각을 하며 살지 않았다. 대학교에서 공부를 하는 것보다 친구들을 만나면서 하루하루 보내는 게 재미있었다. 꿈에 대한 생각보다 '나중에 졸업할 때쯤 취업해야겠지'라는 생각을 하면서 대학 생활을 보냈다.

그러던 어느 날, 처음으로 '이거 해보고 싶다'는 생각이 든 계기가 있었다. 2006년 2월, 어느 경제 잡지를 보다 '기업가를 위한 우주 가이드The Entrepreneur's Guide to Outer Space'라는 기사를 읽게 되었다. 2050년에 가장 크게 성장할 산업을 전문가들이 예측하는 내용이었다. 우주 산업에 대한 이슈issue 등을 설명하는 기사였다. 우주 호텔, 우주 관광, 우주 엘리베이터, 우주 광산, 우주 스포츠 등 처음 들어보는 얘기였다. 아직 존재하지 않는 것들이 2050년에는 우리에게 아주 친숙할 거라는 설명과 함께.

우주과학기술, 세상 밖의 또 다른 세상

딱히 공상과학을 좋아하는 것도 아니었고 우주과학기술에 관심이 있는 것도 아니었다. 그런데 너무나 신기했다. 우주를 통해 돈을 버는 세상이 올 거라니. 진짜 말 그대로 이 세상 밖의 세상이었다. 이후로 시간이 날 때마다 우주산업과 우주경제에 대해 검색하며 관련 도서를 읽었다. 우주산업에 대한 관심을 계속 키워 나갔다.

당시 학교에서는 3학년이 되기 전 여름의 인턴십이 중요하다고 강조하였고, 나 또한 여느 학생들과 같이 학기 내내 인턴십에 대한 걱정을 하고 있었다. 애초에는 금융 전공 학생으로서 컨설팅, 은행, 자산운용사, 투자 은행과 같은 전통적인 회사에 지원할 생각이었다. 그런데 우주산업에 꽂혀 있던 나는 밑져야 본전이라는 생각으로 당시 미국 전역에 몇 개 있지도 않은 민간 우주회사에 메일을 보냈다. 나에 관한 간략한 소개와 이력서, 그리고 경영대 학생으로 우주산업에서 내가 할 수 있는 일이 있다면 무엇이든 하고 싶다며 어필을 하였다. 당연히 연락해 오는 회사는 없었다.

그렇게 두 달 정도 지나서 학기가 끝날 무렵 모르는 번호로 걸려 온 전화를 받게 되었다.

"Hello? 여보세요?"

"Hi, is this Moon Kim? 여보세요, 혹시 문킴인가요?"

"Yes, this is he. Who is this? 네, 맞는데요. 누구시죠?"

"Oh, nice. Hi, this is Peter Sage, from Space Island Group. 잘됐네요. 안녕하세요, 스페이스 아일랜드 그룹의 피터 세이지입니다"

'오 마이 갓!' 심장이 두근거렸다. 몇 달 전에 메일을 보낸 회사 중 하나인 스페이스 아일랜드 그룹Space Island Group의 최고재무관리자 CFO인 피터 세이지였다. '헐, 설마 이렇게 우주산업 분야 일을 하게 되는 건가? 2050년에 인류를 이끌 산업에서 내가 일하게 되는 건가?' 가슴이 마구 두근거리면서 극도로 흥분되었다.

"Hi, Mr. Sage. Nice to talk to you!
안녕하세요, 미스터 세이지. 통화하게 되서 영광입니다!"

"I have been meaning to call you for a while, but the last couple of months have been crazily busy. I read your email and wanted to thank you! Unfortunately, we are currently only looking to hire engineers. However, I was very impressed with your passion, and wanted to tell you to keep it up. No doubt we will need passionate business majors like you in the near future.

"진작 전화하려고 했는데, 몇 달 동안 너무 바빠서 이제야 하네요. 문재 씨 메일을 읽고 고맙다고 말하고 싶었어요! 안타깝게도 우리는 지금 엔지니어들만 뽑고 있어요. 하지만 문재 씨의 우주산업에 대한 열정에 감동 받았고, 그 열정 꼭 잃지 말라고 말해 주고 싶었어요. 가까운 시일에는 문재 씨 같은 경영학과 출신의 열정적인 사람들이 꼭 필요할 거라 믿어요."

언제, 어떤 방식으로든 우주 일을

인턴십을 얻지는 못했지만 내 인생에서 가장 중요한 전화 중 하나가 되었다. 아마 그 통화가 없었으면 우주산업에 대한 관심이 계속 이어지지 않았을 것이다. 그날 이후로 나는 시티은행의 인턴 과정을 거쳤고, 대학 졸업과 함께 모건 스탠리에 입사했다. 하지만 피터 세이지와의 통화에서처럼 언젠가는 어떠한 방식으로든 우주 관련된 일을 해 보고 싶다는 생각을 마음속에 깊이 담아 두었다.

우주에 관한 소중한 꿈을 마음 깊은 곳에서 꺼내 실천으로 하나씩 옮기기 시작했을 때, 나는 스물여덟 살이었다. GRE를 공부하며 대학원 진학을 위해 필요한 에세이와 추천서를 받는 단계를 차근차근 밟을 때 너무나 즐거웠다. 꿈을 위해 한 발짝씩 나아가는 기분이 들었고, 드디어 내가 원하는 무엇인가를 해보는 것 같았다.

이렇게 기쁜 마음으로 대학원 입학을 준비하는 동안, 그리고 대학원 입학이 확정되었을 때 내 미래를 비관적으로 바라보는 사람들이 있었다. 그들은 내가 "우주정책 석사를 준비하고 있다."고 하면 "왜? NASA라도 가려고?"라며 비꼬듯 말하며 내 꿈을 무시했다. 내가 오랫동안 간직했던 꿈을, 많은 리스크를 안고 시작한 도전을 응원해 주지는 못할 망정 먼저 비웃고 보는 사람들이 은근히 많았다.

"김문재가 NASA를 어떻게 가?"

"나이도 많은데 그냥 결혼이나 하지?"

"지금 좋은 직장에 있는데, 공부해서 취업 못하면 어쩌려고?"

이런 말을 하면서 내 꿈을 비현실적이라고 비꼬았다. 그런데 웃긴 건, 얼마 전 한국을 방문했을 때, 이 사람들이 NASA 로고가 박힌 내 명함을 받고 신기해했다는 거다. 나도 처음부터 뚜렷한 꿈이 있어서 우주개발 쪽 커리어를 시작한 건 아니다. 뚜렷하고 확실한 것이 시작의 조건이라면 절대로 시작하지 못했을 것이다. 어떤 방향이든 성공할 것이라는 확신을 할 수는 없다. 하지만 한 가지 확신할 수 있는 것은 지금의 자리에 멈추어 있으면 변하는 게 없다는 것이다.

용기 내어 관심 있는 쪽으로 가다 보면

처음부터 목표가 뚜렷하기는 어렵다. 뚜렷한 목표는 노력과 경험 그리고 시행착오를 통한 과정을 지나고 나서 생기는 법이다. 내가 하는 일과 공부에 의문이 들었다면, 나는 즐거움을 느끼지 못했을 것이다. 확신까지는 아니어도 관심이 있는 분야로 들어가면, 시간이 지나면서 내 목표가 뚜렷해지는 걸 확실히 경험할 수 있었다.

나는 지난 3년간 몇 개의 큰 성과milestone를 이루었다. 모건 스탠리에서 퇴사한 후 석사 과정을 밟았으며, 도중에 NASA에 취업했다. 6개월 동안 연구하고 작업했던 석사 논문이 학술지에 실렸다. 또한 한국에서 출판되는 월간지에 2017년 한 해 동안 거의 매달 우주정책에 관한 칼럼을 연재했다. 그리고 박사 과정을 밟기 위해 또다시 대학원에 지원했고, 입학이 확정되어 진학을 준비하는 중에 이 책을 쓰게 되었다.

이러한 단계들을 밟아 가는 와중에 인류 역사상 처음으로 개발하는 NASA의 연료 재주입 및 수리 전문 인공위성 Restore-L을 만드는 프로젝트에 참여했다. 그리고 이 책이 출판될 즈음에는 박사 과정을 시작할 것이다.

이렇게 3년 동안 한 걸음씩 나아가는 모습을 옆에서 지켜보는 지인들은 내게 묻는다.

"어쩜 너는 목표 의식이 그렇게 뚜렷해? 어떻게 해서 그렇게 매번 뭔가를 하나씩 이루며 나아갈 수 있는 거야?"

앞서 말했듯이 목표의식이 처음부터 뚜렷했던 건 아니다. 내가 지금까지의 모든 과정을 처음부터 차례대로 계획하고 진행했다고 말하긴 어렵다. 2015년에 퇴사하면서 생각했던 "석사를 하고 우주개발 쪽에서 일을 할 수 있도록 하자"라는 계획은 너무 단순했다. 처음에 용기를 내어 관심 있는 쪽으로 가다 보니 이러한 기회들이 존재하는 것을 알게 되었고, 그 기회들을 잡을 수 있도록 노력했던 것이다.

가급적이면 꿈은 크게 꾸는 것이 좋다

뚜렷한 꿈이나 목표가 없으니 지금처럼 그냥 살겠다는 생각을 바꿔 보자. 뚜렷하지 않아도 관심 있는 분야가 있으면 도전해 보자. 도전 자체가 당신이 몰랐던 기회들과 방식 그리고 나아갈 길을 알려 줄 것이다. 그 기회들을 하나씩 잡아보고, 그 방향으로 가다 보면 그 분야에 대해 더 알게 되어 뚜렷한 목표들이 하나씩 생길 것이다.

어떤 일이든 첫 발을 떼는 것이 가장 힘들다. 하지만 용기를 내어 한 발, 두 발 나아가다 보면 목표들이 보이고, 그 목표들을 이루기 위해 열정적으로 살아가는 자신을 찾게 될 것이다. 자신의 목표를 이루기 위해 실천하는 동안, 당신의 능력을 의심하는 사람들의 말은 무시하자. 결과로 보여주면 된다. "왜, NASA라도 가려고?"라고 말하며 내 목표를 의심했던 사람들은 결국 내 NASA 명함을 받고 아무 말도 하지 못했다. 꿈은 크게 꾸는 것이 좋다. NASA라도 갈 것처럼.

**"Shoot for the moon.
Even if you miss, you'll land among the stars."**

달을 향해 날아가라.
설령 달에 이르지 못하더라도 별들 사이에 있을 것이다.

– 노먼 빈센트 필Norman Vincent Peale, 연설가·목사

회계 전공이라고
회계 법인에 가야 할까?

대학 생활에서 가장 후회스러운 것 중 하나는 내 커리어에 대한 사고방식이다. 3학년 때 잠시 우주산업 쪽으로 인턴십을 지원했던 것 외에는 항상 컨설팅, 투자, 금융 쪽 회사들만이 내가 일할 수 있는 분야하고 생각했었다. 그 이유는 내 전공이 금융이었기 때문이다.

대학에는 각 전공마다 취업에 집중하는 산업이나 분야가 있다. 내 주위의 학생들 모두가 그러한 방향으로 취업 준비를 했고, 학교 취업 센터에서도 그러한 프레임에 맞춰 안내해 주었다.

하지만 이러한 프레임 속에서 취업을 준비하는 것보다 더 좋은 방법이 있다. 자신이 가장 흥미로워 하는 산업으로 가는 것이다. 평소의 인터넷 검색이나 블로그 활동, SNS에서 팔로우하는 채널들을 유심히 관찰해 보면 자기가 어떤 분야에 가장 큰 흥미를 가지고 있는지 알 수 있다. 이처럼 개인적으로 관심을 보이는 산업에서 자신이 어떤 일을 할 수 있을지를 고민하고 찾아보는 것이 바람직하다고 생각한다.

대학 때 생각할 수 있는 세상보다 현실의 세상은 훨씬 더 넓고 크다. 때문에 어떤 분야이더라도 유난히 특이한 전공이 아닌 이상, 자신의 전공을 접목할 수 있는 방법은 존재한다. 물론 처음에는 그 방식이 쉽게 드러나지는 않을 수 있지만, 조금만 관심을 가지고 찾아보면 얼마든지 길을 찾을 수 있다. 왜냐하면 한 회사나, 단체, 기업을 움직이려면 그 집단의 주된 업무 외에도 다양한 직종의 사람들이 필요하기 때문이다.

예를 들어, 모건 스탠리에 금융 분야 전공만 있는 건 아니다. 금융업이 주된 업무이긴 하지만, 그 주된 업무를 운용하기 위해서는 컴퓨터와 네트워크 시스템을 관리할 수 있는 IT 인재도 필요로 한다. 이것만이 아니라 법률팀, 준법감시팀, 감사팀, 회계팀, 인사팀에도 금융 이외의 다른 전공자들을 필요로 한다.

NASA도 공학과 첨단기술이 주된 업무이지만 법률, 준법감시, 감사, 회계, 인사는 물론 내 경우처럼 예산과 재무 관리를 할 사람도 필요하고, 건물과 시설을 관리하는 설비관리, 심지어 메디컬센터를 운용하는 의사도 필요하다.

많은 사람들이 자신이 공부한 것과 개인적으로 흥미 있는 분야를 동일시하지 않기 때문에 좋아하는 것과 잘하는 것은 관계가 없다고 생각한다. 그래서 마음이 이끌리지는 않지만 잘하는 것을 업으로 삼는다. 과거의 나 또한 그랬다. 하지만 그렇지 않아도 된다는 사실을 뒤늦게 깨달았다. 자기 전공이 주된 업무가 아닌 산업에도 할 수 있는 일은 얼마든지 있다는 것을.

예를 들어, 트렌드를 이끄는 패션 쪽에 관심이 있지만 경제학을 전공했다고 해서 패션업계에서 일할 수 없는 건 아니다. 의류업계의 회사 안에도 회계, 재무, 전략, 마케팅 등을 담당하는 사람들이 있고, 이러한 자리에 있는 사람들은 디자인을 공부한 사람들이 아니다. 세계적인 브랜드인 페레가모 재무팀에서 일하는 지인도, 몽블랑 마케팅팀에 일하는 지인도 디자인 관련 학과가 아닌 경제학과를 나온 사람들이다. 둘 다 경제학 분야에 취업하지 않고 자신이 좋아하는 패션업계에서 일하기 위해 주어진 프레임에서 벗어난 사람들이다.

패션업계뿐만 아니라 요리나 음식에 열정이 있다면, 반드시 요리사가 아니라도 F&B(Food and Beverage)산업에 도전해 볼만하다. F&B산업 기업들도 음식을 만드는 것이 주된 업무 같아 보이지만, 그 안에는 유통, 부동산, 마케팅과 같이 요리와 상관없는 업무들이 있다.

이렇게 자신이 좋아하고 흥미가 있는 산업에서 주 업무가 아닐지라도 자신이 공부한 전공으로도 할 수 있는 일은 얼마든지 있다. 지원하는 회사를 꼭 전공에 맞춰 따라가지 않고 흥미에 따라 갈 수 있다는 점을 기억하자.

내 흥미에 맞추어 가면 하루하루 반복적으로 느껴질 수 있는 업무가 지루하게 느껴지지 않는다. 열정과 흥미가 있으면 진심을 갖고 업무에 임할 수 있기 때문이다. 그리고 업무에 임하는 자세가 다르기 때문에 직장에서의 업무 효율도 좋아진다. 내 경우도 모건 스탠리에서 일했을 때보다 NASA에서 일할 때 업무의 질이 더욱 높아졌다.

큰 의미 없이 그저 자신의 전공에 따라 업계로 진출하는 것은 너무나 보편적이고 재미없는 삶이다. 막연히 전공에 맞춰 대기업이나 유명 기업에서 일하고 싶은 마음만 가지고 있다면, 그 길의 끝은 허무함뿐이다. 왜냐하면 그러한 이유는 자신에게 장기간 동안 유지되는 의미가 깊은 가치가 없기 때문이다. 그 자리까지 가기 전에는 남들의 시선에 돋보인다는 느낌에 기분이 좋을 수도 있지만, 막상 그 자리에 가보면 허무함이 더 크다.

이름에 현혹되지 말고, 자리에 현혹되지 말고, 소신 있게 자기가 좋아하는 일을 하면서 하루하루 일터에 가서 왜 자신의 시간과 열정을 투자하는지에 대한 이유를 아는 직업이 진짜 가치가 있는 직업이다.

**"Money is numbers and numbers never end.
If it takes money to be happy,
your search for happiness will never end."**

돈은 숫자고 숫자는 끝이 없다.
행복하기 위해 돈이 필요하다면,
당신의 행복을 찾기 위한 여정은 끝이 없을 것이다.

– 밥 말리

많은 일들이
생각한 대로 이루어진다

　　모건 스탠리 서울 지사에서 근무하며 대학원 진학을 준비하는 과정에서 추천서 문제로 고민했다. 당시 생각한 추천인 두 분이 있었지만, 세 번째 추천인이 필요했다. 모건 스탠리에서 엄청 높은 분이 써 주면 좋겠다는 생각을 했지만, 누구에게 어떤 방식으로 부탁해야 할지 몰랐다.

폴 전무의 추천서를 받는 행운

　　몇 주 동안 마지막 추천인을 고민하던 중 아시아 헤드쿼터인 홍콩 오피스의 최고운영책임자COO(Chief Operating Officer)인 폴 데이Paul Day 전무님이 방문한다는 소식을 들었다. 홍콩 오피스에서 근무할 때 몇 번 뵈었던 분이었다.

며칠 후 그분이 방문하였고, 저녁 회식 자리에 참석하게 되었다. 회식이 끝나고 헤어질 무렵 폴 전무님이 호텔이 가까우니 걸어가겠다고 말했다. 높은 자리에 있는 외국인 임원을 호텔까지 혼자 걷게 하는 것은 예의가 아니라고 판단한 임원 한 분이 내가 안면이 있으니 모셔다 드리라고 했다. 그렇게 해서 영광스럽게도 모건 스탠리라는 대기업의 COO인 폴 데이 전무님과 단둘이 산책을 하게 되었다.

'내가 찾던 추천인이 폴 전무님?'이라는 생각에 가슴이 두근거렸다. 당시 회사에는 내 계획을 말하지 않았던 상태여서 '추천서를 부탁했다가 잘리는 건 아닐까?' 하는 걱정도 있었다. 하지만 이만한 기회는 더 없을 것 같아서 용기를 내어 추천서를 써 줄 수 있는지 물어보았다. 날씨도 좋았고, 광화문 거리도 예뻤고, 어느 정도 술에 취해서 그랬는지는 모르지만 폴 전무님이 흔쾌히 승낙했다. 게다가 우주정책 같은 멋있는 일을 꼭 하게 되길 바란다며 격려도 해주었다. 이렇게 해서 받은 폴 전무님의 추천서는 대학원 진학에 큰 힘이 되었다.

생각하지 않으면 기회를 잡기 어렵다

많은 일들이 생각한 대로 이루어진다. 아니, 생각을 하지 않으면 기회의 순간이 왔을 때 잡을 수 없다. 그것이 기회인지도 모를뿐더러, 설상 기회라는 것을 알아도 그 기회를 잡기 위해 어떻게 해야 하는지 모르기 때문이다. 반대로 내가 원하는 일에 대해 생각을 많이 하고, 마음속으로 간직한 것을 자주 되뇌면 기회가 왔을 때 놓치지 않고 잡을 수 있다.

행동으로 옮길 수 있게 해준 세 가지 질문

지금까지의 이야기들이 새로운 도전을 시작하려는 분들에게 작은 도움이 되었으면 하면 바람이다. 내가 경험하고 배운 생각의 전환 방식이며, 내가 가고 싶은 길로 갈 수 있게 용기를 준 사고방식들이다.

행동으로 옮길 수 있게 해준 세 가지 질문

하지만 생각의 변화만으로는 인생의 큰 결정을 내리기 어려울 때가 있다. 내가 도전해 보려는 길이 옳다고 선뜻 결정을 내리기는 쉽지 않을 수 있다. 나 역시 많은 생각을 통해 점점 새로운 커리어에 도전을 해보겠다는 쪽으로 기울었지만 결정을 내리기까지는 많은 고민과 망설임이 있었다. 내가 오랜 망설임 끝에 결정을 내리고 행동으로 옮길 수 있게 해준 세 가지 질문이 있다.

첫 번째는 '만약 내 스토리를 책으로 썼을 때 무엇이 더 좋은 스토리일까?'였다. 도전, 역경 그리고 업 앤드 다운up and down이 있는 삶의 스토리는 책, 드라마, 영화, 음악 등으로 남겨지곤 한다. 사람들은 그런 이야기로부터 희망과 용기를 얻는다. 좋은 회사를 다니고 안정적인 생활을 하는 사람의 책은 본 적이 없다. 대학교를 나와 대기업에 취업하여 30대 초반에 결혼해 자식을 낳고 좋은 남편, 좋은 아빠, 좋은 직원으로 살다 은퇴한 후 노후를 보내는 사람의 이야기는 평범하기 때문에 흥미롭지가 않다. 더군다나 특별한 이유나 열정 없이 그냥 주어진 대로 살아가는 사람의 스토리는 머릿속에 남지 않는다.

나는 다른 사람들에게 흥미를 일으킬 만한 인생을 살고 싶다. 막연히 유명해지거나 남이 부러워하거나 남에게 보여주기만 하는 삶을 살고 싶지 않았다. 떳떳하고 자신 있게 '나로서기'를 한 내 이야기를 통해 누군가에게 새로운 도전에 대한 용기를 불러일으키고 싶다. 더 만족한 삶을 살며 더 좋은 사회를 만들어 갈 수 있도록 조금이라도 힘이 되고 싶다. 마음속에 새겨 둔 꿈을 향한 과감한 도전 스토리를 함께 나누고 싶다.

두 번째 질문은 '미래의 어느 날 자식들이 생겼을 때, 자신 있게 나에 대해 말할 수 있는가?'였다. 내가 모건 스탠리에서 계속 근무했을 때 자식이 "아빠는 무슨 일을 해요?"라고 물어보면, 과연 내가 하는 일을 자신 있고 당당하고 떳떳하게 얘기해 줄 수 있을까? 대답은 노No였다. 그 이유는 단순했다. '내가 진정으로 원하는 삶을 살았는가?' 이것이 내 삶의 이유였다.

나는 내 자식에게 불가능은 없다고 가르쳐 주고 싶다. 꿈을 꾸며 본인이 하고 싶은 일에 도전하기를 바란다. 선택의 기로에서 이런저런 이유를 대며 시작도 못했다면, 자녀에게 전할 메시지를 준비하기 어려울 것이다. 내가 두려워서 해보지 못했던 것을 자녀에게 바라는 것은 우스꽝스런 희극일 뿐이다.

지금 삶을 후회하지 않을 자신이 있는가?

반대로 본인이 꿈을 향해 도전해 보면 자녀들에게 당당히 꿈을 향해 가보라고 진심으로 가르쳐 줄 수 있다. 혹여 실패를 하더라도 "아빠는 꿈을 향해 가봤는데, 이런저런 이유로 실패했어. 이런 것들을 잘 생각해 보면 너희가 도전할 때 도움이 될 거야!"라고 말할 수 있지 않을까.

이런 것이 "현실적으로 생각해 봐. 돈 벌어야지. 실패하면 어떡하니? 꿈은 꿈대로 놔두고 현실에 맞춰 살아가!"라고 얘기하는 것보다 훨씬 더 멋지지 않을까.

마지막 세 번째 질문은 '지금의 삶을 그대로 살 때 후회하지 않을 자신이 있는가?'였다. 당시 생활에 대한 큰 걱정은 없었지만 마음이 공허한 것은 확실했다. 모건 스탠리에 남아 있었다면, 내 커리어의 미래는 두 가지 길이 있었을 것이다.

하나는 금융권 안에서의 경쟁에서 밀려나 다른 일을 하며 생계를 꾸려 나가는 길이다. 치고 올라오는 후배들과 나보다 능력이 있는 선배들 사이에 껴서 퇴직하게 될 때의 나이는 이미 불혹을 넘겼을 것이라고 생각했다. 불혹이 넘은 나이에는 한 가정의 가장이 돼 있을 테고, 내 가족이 어떻게든 생활할 수 있게 돈을 버는 것이 최우선적인 목표가 될 것이다. 그런 상황에서 새로운 꿈에 도전하기 위해 대학원에 진학하는 것은 더욱 힘들 것이다. 이런 시나리오에서는 당연히 "아, 내가 스물아홉 살 때 일을 그만두고 우주정책 공부를 해볼 걸!" 하며 크게 후회할 것 같았다.

다른 길은 금융권에서 한 단계 한 단계 치고 올라가 차장, 부장, 이사를 거쳐 상무 그리고 전무가 되는 길이었다. 멋있는 미래다. '내가 모건 스탠리의 전무가 되면 얼마나 멋있고 좋을까!'라는 생각을 해봤다. 하지만 이 생각을 했을 때, 머릿속에 들어온 것은 대학교 때의 일이다.

대학교 때 '모건 스탠리 같은 회사에 취업만 하면 얼마나 좋을까!'라는 생각을 종종 했었다. 하지만 입사를 하고 과장이 되었어도 마냥 좋지만은 않았다. 마음속 한 곳에 자리 잡은 꿈에 대한 갈망 때문이었다. 금융권에서 높은 자리에 올라가도 마냥 좋지만은 않을 것 같았다. 또한 그 높은 자리까지 올라가는 과정이 결코 쉬운 일은 아니라는 것을 알고 있었다. 결국 이 길을 가더라도 그 과정에서 힘들고 공허함을 느낄 때마다 '아 그때 우주개발 쪽으로 가봤으면 어땠을까?' 하는 후회를 할 것 같았다.

머리보다는 마음을 따르라고

이 세 가지 질문에 대해 내가 내린 답은 '가슴이 뛰는 새로운 것에 도전하라!'였다. 그때 이후로 내 인생에서 큰 결정을 해야 할 때마다 이 질문들을 계속했다. 신기하게도 결정해야 하는 것이 무엇이든 이 질문들은 항상 같은 답을 내놓았으며, 아직까지 그 답들은 나를 후회하게 만든 적이 없다.

내 앞에 놓인 미래의 길을 정하기는 어렵다. 머리와 마음이 따로 놀기 때문이다. 그럴 때는 미래의 자신에게 물어보는 것도 좋은 방법이다. 미래의 내가 지금의 나에게 어떤 결정을 내려 줄지를 생각해 보면, 항상 같은 답이 나올 것이라고 확신한다. 지금의 내가 과거의 나에게 말하는 것과 같이……. 머리보다는 마음을 따르라고.

**"The unexamined life is
 not worth living."**
성찰하지 않는 삶은 살 가치가 없다.

- 소크라테스사

드디어
꿈을 찾아
NASA로

04

지금 아니면 언제?

앞의 글들은 지난 몇 년 동안 내가 진정으로 원하는 것을 찾아가는 과정에 대한 이야기였다. 나는 생각의 변화를 통해 새로운 도전을 할 수 있는 용기를 만들어 갔다. 인생에서 나를 붙잡고 있는 것들에 대해 조금 더 비판적인 사고로 되짚어 보았기 때문에, 진짜 중요한 것들이 무엇인지를 깨달을 수 있었다.

모든 것이 갖추어진 상황은 없다

이제부터는 내가 생각의 변화를 행동으로 옮겼던 방식에 대해 얘기하고자 한다. 생각의 변화는 내가 원하는 삶을 충만하게 만드는 필수 과정이다. 생각하는 것만으로는 삶이 변하지 않는다. 자신이 하는 생각을 행동으로 옮길 때, 비로소 변화가 일어난다. 자기 마음대로 자신의 삶을 위해 용기를 낸 적이 없다면, 행동으로 옮기는 일은 무척이나 어려울 것이다.

사람들은 적절한 시기를 정하려는 경향이 있다. '이번 프로젝트만 끝내고', '학교만 졸업하면', '승진 한 번만 하고 나면', '돈을 얼마 정도만 모으면', '차부터 사고' 등등. 일상에서는 꿈을 이루는 것보다 우선순위를 떠올리는 경우가 많은 게 사실이다. 지금 당장이 아니라 조금 더 완벽한 상황에서, 모든 것이 갖추어진 상황이 되면 행동으로 옮기겠다고 미래의 나에게 약속한다.

하지만 모든 것이 완벽하게 갖추어진 상황은 결코 오지 않는 것 같다. 본인이 원하는 완벽한 환경은 말 그대로 아득한 꿈일 경우가 대부분일 것이다. 항상 뭔가가 부족하며, 뭔가가 나를 붙잡고 있고, 늘 현실이라는 박스 안에 갇혀 있기 마련이다.

꿈은 점점 나중으로 미뤄지기 마련

그 이유는 아마도 상황은 항상 변하기 때문이 아닐까. 모건 스탠리 근무 당시, 일을 그만 두고 싶었을 때 회사는 나를 다른 나라로 보냈다. 그리고 나 또한 '우선 승진 한 번 하고'라는 생각으로 퇴사를 미루었다. 그러자 과장이 되고 나서는 생각할 겨를도 없이 서울 지사로 발령을 받았다. 한국에 오니 '우선 돈을 좀 벌고'라는 생각에 또 퇴사가 미루어졌다.

이렇게 미루고 미루다 2013년 새해 첫날에 '이번 연도에는 꼭 내가 하고 싶은 것에 다가갈 수 있게 뭐라도 시작을 해서 퇴사의 발판을 만들어야겠다'는 마음을 강하게 먹었다. 그런데 몇 주 후 아버지가 췌장암 판정을 받으셨다. 이렇게 한동안 내 인생에 찾아온 지각 변동에 흔들리며 살았다.

이렇듯 살아가면서 변수가 너무 많기 때문에 한치 앞도 내다보기 힘들다. 그러하기에 내가 행동을 취하기 위해 조건으로 걸어 놓은 '적절한 시기'는 그때마다 주어지는 과제와 변화 때문에 항상 미래에만 머물러 있다. 본인이 생각하지 못한, 계획에 없던 일들은 살면서 계속 일어난다. 그리고 눈앞에 닥쳐 온 일들 때문에 꿈은 점점 나중으로 미뤄지기 마련이다.

처음 계획은 우선 대학부터 가서 하고 싶은 것을 찾는 것이었다. 대학을 가니 점수를 잘 받고 졸업을 해야 했다. 우선 졸업부터 하고 보는 것으로 계획을 바꿨지만, 졸업 후에는 취업이라는 난관을 뛰어넘어야 했다. 대부분의 사람들이 취업을 하고 경제적으로 독립이 가능하면 그때부터 자신이 하고 싶은 것을 찾곤 한다. 그런데 어느새 졸업을 하고 취업해 돈을 조금 모아 보면 서른이 코앞에 펼쳐지곤 한다. 그리고 많은 것을 책임져야 하는 어른이 되고…….

지금 시작하라는 아버지의 말씀

아버지의 투병 기간 중 밖에서 하는 생활을 최대한 줄이고 아버지와 집에서 보내는 시간을 늘렸다. 그러다 보니 자연스레 생각할 수 있는 시간이 많아졌다. 인생에 대해 돌아보는 시점이 되었다. '내가 원하는 것을 항상 미루다 이번 연도에는 드디어 시작을 하고 싶었는데, 이렇게 또 인생이 허락을 해주지 않는다'는 생각을 많이 했었다. 그 무렵, 아버지가 물어보셨다.

"전에 말했던 대학원 준비는 어떻게 됐어?"

아버지가 아프시기 몇 달 전, 조지워싱턴 대학에 우주정책학과가 있다는 것을 알게 되어 도전하고 싶다는 뜻을 아버지에게 말씀드린 적이 있었다. 내가 모건 스탠리에 근무하고 있다는 것을 자랑스러워하셨던 아버지였기에 다른 진로에 대해 말씀드리기까지 많이 망설였다.

그러다 용기를 내 아버지에게 말씀드렸었다. 지난 7년간 근무하며 느꼈던 것들과 왜 우주정책을 공부하고 싶은지를 설명해 드렸다. 정신 차리라고 혼을 내지 않을까 염려가 됐지만, 아버지 반응은 그렇지 않았다. 오히려 아버지는 "내가 생각했던 것보다 너는 더 큰 사람이구나. 장하다. 꼭 성공하기 바란다."라고 응원해 주셨다.

그러셨던 아버지가 나에게 진행 상황을 물어보셨지만, 나는 그때 시작조차 하지 않아 아무것도 말씀드릴 게 없었다.

"아… 그거 잠시 유보해 두었어요."

그 말에 아버지는 미안한 표정으로 말씀하셨다.

"아빠가 아픈 거 최대한 신경 쓰지 말고 전에 말했던 대학원 준비 미루지 말고 빨리 꼭 시작해. 아빠가 아픈 것 때문에 네가 인생에서 하고 싶은 것을 못하면 아빠가 죄책감이 들어서 나을 병도 안 나을 거야."

이 말씀에 나는 혼자 방으로 들어가 울었다. 본인에게 주어진 시간이 많지 않다는 것을 알고 계셨던 아버지는 "미루지 말고 지금 시작하라."는 말씀을 해주셨던 것이다. 아버지의 아픔을 변명거리로 사용했던 내가 한심했다. 그래서 그날부터 드디어 꿈에 대한 생각을 행동으로 옮겼다.

삶의 주도권을 나 자신에게로 옮기는 방법

GRE(미국 및 여러 영어권 국가들의 대학원 및 경영대학원에 입학하려는 학생들을 평가하는 시험)를 알아보는 것을 시작으로 대학원 입학 원서를 내기까지 매 단계마다 아버지에게 말씀드렸다. 아버지는 뿌듯해하셨다. 아쉽게도 대학원 입학 통지서를 받았을 때는 아버지가 돌아가신 후였다.

그날 아버지가 "지금 시작하라."고 하신 말씀은 큰 교훈이 되었다. 그리고 생각을 행동으로 옮기는 데 큰 도움이 되었다. NASA에 지원할 때도, 박사 학위에 도전할 때도, 이 책을 쓸 기회가 생겼을 때도, 적절한 시기를 기다리기보다는 행동으로 옮겨 상황을 만들고자 분투했다. 수동적으로 상황을 기다리는 것보다는 자신이 상황을 만들고 그 안에서 적응하는 것이 삶의 주도권을 나 자신에게로 옮기는 방법이었다. 실천의 중요성을 깨닫게 해주신 아버지를 늘 가슴에 새기고 있다. 감사하고 늘 보고픈 아버지!

행동에 옮기기 알맞은 시간은 '지금'

'아마 그때 내가 석사 입학 준비를 늦췄더라면 어떻게 됐을까?' 하는 생각을 해보았다. 아버지 투병 생활 중에는 아버지를 핑계로 미뤘을 것이다. 2014년 9월에 아버지가 돌아가시고 나서는 슬픔에 빠져 또 미뤘을 것이고, 슬픔에서 빠져나왔을 2015년 봄에는 스물아홉 살이 되어 아마 망설임이 더 커져 시작조차 못했을 가능성이 크다.

만약 그 봄에 대학원 입학 준비를 시작했더라도 2016년 9월에 입학했을 터. 그렇다면 2017년부터 NASA에 패스웨이Pathways 인턴십 자리가 대폭 줄었기 때문에 NASA 취업은 더 어려웠을 것이다. 나의 멘토인 페이스Pace 교수님은 백악관으로 갔기에 그분과 지금과 같은 관계를 만들기도 힘들었을 것이다. 물론 결론적인 가설이지만, 행동으로 옮기기에 알맞은 시간은 '지금'이라는 확신을 갖게 된 계기가 되었다고 생각한다.

모든 것을 먼저 행동하고 나서 생각하자는 것은 아니다. 다만 생각이 어느 정도 완성이 되면 행동으로 옮기는 시간을 지체하지 않아야 한다고 생각한다. 내가 원하는 미래에 대한 생각이 어느 정도 만들어졌다면, 시간을 재지 말고 지금부터 시작해야 한다. 지금 시작해야 혹 잘못 되더라도 다시 일어설 수 있는 시간이 더 주어지는 것이 아닐까.

우리는 언제 또 지금만큼 할 수 있을지 장담할 수 없다. 상황은 나의 편리를 봐주지 않고, 언제 어떻게 변할지 모른다. 지금이 최적화 된 순간이다. 그러니 두려워하지 말고 망설이지 말아야 할 것이다.

Just do it.

헛되이 살지 말고
오늘 하루를 멋지게

많은 사람들이 내게 많이 물어보는 것 중 하나가 "어떻게 하면 모건 스탠리나 NASA 같은 곳에서 일할 수 있나요?"이다. 대답하기가 매우 어려운 질문이다. 왜냐하면 내가 남들보다 공부를 월등히 잘하거나 특출한 스킬을 가지고 있지 않기 때문이다. 그리고 취업은 아주 개인적인 경험이기 때문에 나와 똑같이 한다고 되는 것이 아니다.

정신 차리고 제대로 하자

그 시기에 특정한 사람들이 내 이력서를 보고 인터뷰를 진행하였던 것이고, 나는 그 순간에 있었기 때문에 취업이 되었다. 그래서 특별한 비법이 있다고 말하기는 어렵다. 하지만 가장 도움이 되었던 삶의 방식에 대한 생각은 들려줄 수 있다.

NASA에서 우주선을 만들 때 사용하는 프로젝트 매니지먼트 방식이 있다. 우선 우주선을 만드는 데 필요한 단계는 크게 10개로 나눈다. 이 10개 단계는 적게는 2~3개, 많게는 20개 과정으로 세분화 된다. 또 그 안에서도 각 분야에서 실현되어야 할 요건requirement과 과업tasks, 그에 맞는 스케줄, 사용될 부품 및 필요한 인력, 운용 방식 등 수천 가지의 요소들이 포함되어 있다. 프로젝트 기간 동안 주어진 스케줄에 맞추어 각 과업을 한 단계씩 진행하여 요건을 충족하게 한다. 그리고 모든 요건이 충족되었을 때, 우주에서 작동 가능한 우주선 및 인공위성이 만들어진다.

A. 프로젝트 매니지먼트

B. 시스템 엔지니어링

C. 안전과 품질 관리

D. 과학 관리

E. 탑재량

F. 우주선 본체

G. 미션 운용

H. 발사체

I. 지상 지원

J. 통합 및 시험

이러한 프로젝트성 단계적 목표 달성 모델을 개인의 삶에 적용하는 방식을 나는 'GYST 방식'이라고 부른다. GYST는 미국 전문가회의colloquium에서 사용하는 'Get Your Shit Together'라는 말의 약자다. 내 방식을 설명하기 위해 만들어낸 임의적인 명칭이다. 번역하자면 '정신 차리고 제대로 하자.'라는 말이다.

모든 목표에는 그것을 이룰 수 있는 단계가 있는 법. 그 목표를 이루기 위한 단계를 쪼개고 쪼개서 상세하고도 사소한 것까지 체크하는 방식이다. 언제부터 이런 방식으로 계획하고 진행했는지는 정확히 기억나지 않는다. 아마 대학 3학년 때부터였던 것 같다.

목표에 도달할 수 있게 만드는 단계들

예를 들어, 취업이라는 목표가 있으면 그 목표에 도달할 수 있게 만드는 단계들로는 토플 목표 점수, 목표 학점, 인턴 경험, 좋은 이력서 작성, 인터뷰 연습 등이 있다. 여기에 메이저major 단계를 한 번 더 세분화한다.

예를 들어 토플 목표 점수를 패스하려면 공부라는 단계가 있을 것이고, 그 공부는 1주일에 정해진 학원에서 공부하는 시간, 개인 공부 시간, 외국인 친구와의 대화 시간, 인강 시청 등 여러 가지로 나눌 수 있다. 이 단계를 또 나누어 보면 학원 등록, 개인 공부 교재 구하기, 외국인 친구 만들기, 인터넷 강의 정하기가 된다. 거기서 또 나누면 학원 비교하기, 교재 비교하기, 외국인 친구를 만들 수 있는 장소와 방법 알아보기, 인터넷 강의 비교하기 등이 있다.

여기서 한 단계 더 나누면 외국인과 손짓 발짓하며 대화할 수 있을 만한 자신감 키우기, 인터넷 강의 시청 시간 만들기, 혼자 공부할 공간과 시간 만들기 등이 있다. 물론 이것은 그냥 예시일 뿐이고 단계별로 더 많은 서브 단계가 있을 것이다. 그리고 개인마다 그 기준과 단계에는 차이가 있을 것이다.

나는 '대학원 합격'이라는 목표를 세웠을 때 원서를 쓰기 위해 필요한 서류 준비부터 단계적인 계획을 세웠다. 첫 번째 서브 목표인 GRE 시험 점수를 제출하기 위한 몇 가지 단계를 학원 알아보기, 학원 등록하기, 학원 다니기로 잡았다. 자연스럽게 그 다음 단계는 GRE 시험 등록과 GRE 시험 응시하기였다. 학원이 나에게 맞지 않을 수도 있는 상황에 대한 대책으로 여러 문제집 후기 읽기, 문제집 구입, 문제집으로 공부하기, 문제집에 있는 예시 풀기로 단계적 실천 계획을 세웠다. 그리고 마지막 단계까지 왔을 때 원하는 점수가 나오지 않는다면 그때 다시 계획을 세우기로 했다.

두 번째 필요 서류인 이력서도 비슷한 단계적 접근 방식으로 진행했다. 기존에 있던 이력서를 정해진 날까지 업데이트 하는 것을 첫 단계로 잡고, 내 이력서를 진지하게 읽어 주고 피드백을 줄 수 있는 사람들을 정하는 것을 두 번째 단계로 잡았다. 그들에게 연락하여 내 상황을 어떻게 설명할지 생각하는 것 또한 다른 단계로 잡았다. 연락 방식 또한 단계로 세분화했다. 그리고 피드백을 받고 정해진 날짜까지 이력서를 끝내는 것이 마지막 단계였다.

세 번째 필요 서류는 추천서 세 장이었다. 당시 회사 생활 7년차에 접어든 나는 대학원에서 선호하는 교수 추천서를 받기에는 지속적으로 연락하는 교수님이 없었다. 그래서 동등한 자격을 갖추고 영향력이 있는 분들을 찾는 것을 첫 번째 목표로 정했다. 당시 상사였던 모건 스탠리 상무님을 고려했다. 두 번째는 내가 목표로 정했던 대학원에 단기 연구원으로 있던 분을 염두에 두었다. 그가 한국에 있다는 걸 우연히 블로그를 통해 알게 된 것이다. 그 다음으로 모건 스탠리 홍콩 지사에 있는 COO를 생각했다.

이렇게 추천서의 첫 번째 단계를 달성했고, 두 번째로 이분들에게 어떤 방식으로 개별적으로 다가가 내 상황을 설명하며 설득할지 정하는 것을 그 다음 단계로 잡고 실행해 나갔다.

마침내 대학원 입학이라는 목표를 이루고

마지막 네 번째 필요 서류는 지원 동기서였다. 이러한 서류를 작성해 본 적이 없었던 나로서는 막막했지만 이것 또한 세분화 된 단계를 정해서 하나씩 이루어 나갔다. 여러 샘플 읽어 보기, 내가 원하는 스토리 생각하기, 초본 써 보기, 피드백을 해 줄 리뷰어 정하기, 리뷰어들에게 어떻게 설명할 것인지 생각하기 등이 있었다. 그리고 조금 더 세분화하여 리뷰어들에게 어떻게 첫 메일을 쓸지를 구상했다.

이런 단계들을 통해 대학원 지원서가 완성되었고, 2015년 초에 입학 허가 통보를 받았다. 목표로만 그리던 그리고 꿈만 꾸던 우주 관련 진로로 첫발을 내딛게 된 것이다. 이 단계들을 하루 만에 생각한 것은 아니다. 물론 처음에 생각했던 단계들이 굳어진 것들이 아니었다. 생각을 하고, 더하고 빼고, 또 생각하고 더 고치고, 실행하는 와중에도 고치고 새로 만들어 나가기를 계속 반복했다. 총 1년 동안 모든 단계를 이루고 나서 대학원 지원서가 만들어졌다. 그리고 마침내 대학원 입학이라는 목표를 이루었다. 이 과정에 적용된 단계들은 지극히 나만을 위한 계획이었고 나에게만 적용된 단계들이었다.

모든 목표에 대한 모든 단계를 하나하나 써서 하나씩 체크해 가며 따라해 보라고 하는 것은 아니다. 그러기엔 시간이 많이 소요될 것이며, 너무 기계적으로 느낄 수도 있다.

헛되이 살지 않고 오늘 하루를 멋지게

GYST 모델에서 중요한 것은 이러한 방식으로 생각을 구체적으로 해보자는 것이다. 이 방식을 통해 자신의 모든 노력을 다하고 모든 단계를 거쳤는지 그 결과를 판단하는 게 쉽지 않을 수 있다. 그래서 결과론적인 차원이 아닌 진행 단계에서 필요한 요소들을 놓치지 않고 목표에 도달하기 위해 해야 할 일들을 하나씩 체크하는 것이 중요하다고 생각한다. 특히 취업이라는 목표는 일반화 되고 표준화 된 평가 기준을 통과해야만 가능하기 때문에, 개인적인 입장이 아닌 객관적인 잣대로 판단하는 것이 옳다고 생각한다.

그 표준화 된 평가 기준들을 각각 목표로 세우고 그 목표를 이루어가는 세부적인 단계를 생각하여 사소한 단계 하나라도 실천하는 게 중요하다고 생각한다. 그렇게 실천하는 자신을 발견했을 때, 오늘 하루의 나를 위해 그리고 나의 목표를 위해 헛되게 살지 않고 오늘 하루를 '카르페 디엠carpe diem(현재를 즐겨라)'했구나 하는 생각이 들 것이다.

세상을 바꿀 것이라는
생각일지라도

초능력이 있는 것 마냥 생각하는 대로 기회가 만들어지는 것은 아니다. 내가 원하는 것에 대한 생각을 많이 함으로써 생겨나는 행동과 결정들이 쌓이게 되면 그 꿈을 이룰 수 있는 기회가 자연스레 만들어진다는 것이다.

매일 몸으로 때우는 전략으로

나는 우주와 관련된 일을 해본 적도 없고 천체물리학이나 항공우주공학 같은 공부를 해본 적이 없다. 공부를 안 한지도 8년이나 됐다. 석사 과정을 밟기 전에 다른 동기들에 비해 관련 분야 지식이 부족한 상태에서 시작하는 것은 아닌지 걱정했다. 그런 약점을 보완할 수 있는 방식을 곰곰이 생각했지만 뾰족한 방법은 없었다. 그래서 수업만 듣고

가는 것보다는 학교 안에 위치한 우주정책연구소에 매일 남기로 했다. 남들보다 오래 있으면 오다가다 듣는 것이라도 있을 것이라는 생각이었다. 몸으로 때우는 전략이었다.

첫 수업 후 다른 학생들은 집으로 갔지만, 나는 연구소에 남았다. 여기저기 기웃거리며 교수님들 및 다른 연구원들과 인사를 하는데, 아시안 여성이 눈에 들어왔다. 닥터 최로 자신을 소개하는 분에게 '문 킴'이라고 인사를 하니 "혹시 한국분이세요?"라고 물었다.

알고 보니 최 박사님은 한국항공우주연구소에서 객원 연구원으로 파견을 오신 분이었다. 그녀는 한국인이 드문 우주정책연구소에서 나를 만난 것을 신기해했다. 서로에 대해 이야기를 하는 중 최 박사님이 본인 연구를 도와줄 수 있냐고 선뜻 제안하셨다. 우주정책에 무지한 상태의 나로서는 누군가의 연구에 참여할 수 있다는 것 자체만으로 모자람을 채우기에 좋은 기회였다. 그날부터 감사한 마음으로 박사님을 도와드렸다. 자연스레 연구소에서 보내는 시간이 많아졌다. 덕분에 나의 부족한 점을 빠른 시간 안에 채울 수 있었다.

두 교수님 도움 받으며 NASA로

최 박사님을 만나면서 석사 과정은 훨씬 수월해졌다. 최 박사님을 통해 배웠던 것들과 연구소에서 듣고 만난 사람들 그리고 그 자리에 있음으로써 배웠던 것들이 NASA에 입사하는 데 큰 도움이 되었음은 물론이다. 뿐만 아니라 그때 연구소에서 생활하면서 지도교수님이신 페이스 교수님과도 친분을 쌓을 수 있었다. 교수님 덕분에 뒤에 박사학위 도전에 큰 힘을 얻을 수 있었다.

생각은 의식적이든 무의식적이든 행동으로 옮겨지게 되고, 그러한 행동들이 누적되면 기회를 만들어낸다. 그리고 미리 생각을 해놓았기 때문에 은연중에라도 그 기회를 잡을 수 있게 된다. 기회를 잡으면 새로운 경험을 하게 되고, 그 경험을 통해 성장하기에 또 새로운 것을 생각하게 된다. 지속적으로 이러한 과정을 거칠 때 인생은 탄력을 받고 계속 발전하게 된다. 그럼으로써 자신이 원하는 것에 다가가게 된다.

세상을 바꿀 것이라는 생각일지라도

1997년 애플Apple 사의 광고 중 이런 문구가 있었다.

> "The people who are crazy enough to think they can change the world are the ones who do."
> "자신이 세상을 바꿀 수 있다고 생각할 정도로 미친 사람들이 정말로 세상을 바꾼다."

생각은 나를 이끌고 나의 행동을 이끌어 결국 현실이 된다. 모든 준비의 시작인 생각을 잘 다듬는 것만큼 중요한 것은 없다고 생각한다.

지금 당장 주어진 삶 속에 갇혀 있어 '짜증난다, 힘들다, 하기 싫다, 귀찮다, 어렵다'라고 한다면 그런 일들만 반복적으로 이루어질 게 뻔하다.

원하는 미래가 있거나, 자신의 발전을 원하거나, 현재 자신의 삶에 만족하고 있지 않다면, 자신과의 지속적인 대화를 통해 그 미래로 가기 위해 무엇을 어떻게 해야 하는지를 생각해 볼 필요가 있다. 긍정의 힘을 믿어 보고 '나는 할 수 있다.'라는 멘탈 노트가 필요할지도 모른다. 우리가 하는 모든 생각과 행동이 우리의 미래를 만든다고 생각한다. 심지어 세상을 바꿀 것이라는 생각일지라도.

걱정에 대하여

나에게는 두 살 많은 형이 있다. 내 삶의 가장 터프한 비평가이자 모든 것을 터놓고 얘기할 수 있는 친구다. 또한 힘든 일이 있을 때 언제나 조언을 해주는 멘토이기도 하다.

모건 스탠리 홍콩 지사에서 일한 지 1년 만에 서울 지사로 발령이 났다. 서울로 떠나기 전에 여러 가지 걱정으로 고민하기 시작했다. 당시 금융권에 속해 있는 한국인들이 선망하는 진로는 한국에서 시작해 홍콩을 거쳐 미국으로 가는 것이었다. 점점 더 큰 금융시장으로 옮기는 것을 선호했다. 그런데 내 행선지는 반대 방향이었다. 미국에서 시작해 홍콩 그리고 서울. 이것이 옳은 선택인지, 이제 막 적응하게 된 홍콩이라는 도시를 떠나는 것이 맞는지, 한국어가 조금 서툰 내가 서울에서 잘할 수 있을지 등이 걱정됐다.

이런 걱정들을 형에게 주저리주저리 털어놓았다. 한동안 내 걱정거리만 듣던 형이 말했다.

"I read it somewhere that 80 percent of the worries that people have are about issues that they have no control over. That means only 20 percent of your worries is something you can have an influence on. Think about what you just said to me and see where they fall. You should try to focus on resolving the 20 percent that you can influence, and don't waste your time on the 80 percent."

"내가 어디서 읽었는데, 사람들이 하는 걱정의 80%가 본인이 컨트롤할 수 없는 일들이래. 그러면 네가 하는 걱정 중에 20%만이 네가 영향을 줄 수 있는 것들이라는 말인데, 너의 걱정들이 어디에 속하는지 잘 생각해 봐. 네가 영향력을 행사할 수 있는 20%에 초점을 맞추려고 노력해 봐. 나머지 80%에 속해 있는 일들을 걱정하는 건 시간 낭비일 뿐이야."

명쾌했다. 싸우기는 무지하게 싸우고 서로 의견도 안 맞을 때가 많지만, 정작 내가 필요할 때 길을 알려 주는 형. 이번에도 형의 생각이 옳았다. 이미 서울로 가는 건 결정이 되었고, 회사 측에서도 나의 발령에 대한 모든 작업을 끝냈다. 이런 걱정을 차라리 몇 달 전에 했으면 좋았겠지만, 그때는 생각이 나지 않았고, 시간은 이미 흘렀다. 걱정도 필요한 걱정만 하는 것이 옳았다.

몇 년 후 비슷한 맥락의 동영상을 보게 되었다. 인도의 연설가 가우르 고팔 다스Gaur Gopal Das는 이 동영상에서 우리 형보다 한 발짝 더 나아가 무엇이든 걱정을 할 필요가 없다는 말을 아래의 도표를 통해 설명했다.

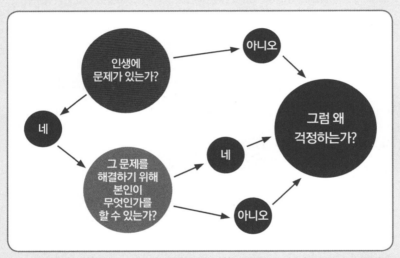

* 출처 : https://www.youtube.com/watch?v=7n0aQwrISEI

이것 또한 명쾌하다. 내 인생에 문제가 있고 그 문제를 내가 해결할 수 있으면 걱정할 필요 없이 문제를 해결하면 되고, 고칠 수 없으면 걱정할 필요가 없다. 어차피 고치지도 못하는 것을 왜 걱정하고 있나? 차라리 그 시간에 김칫국이나 마시자.

언제 어디서나
필요한 사람이 되자

초등학교 2학년 때, 학교에서 가훈이 무엇인지 알아오는 숙제가 있어서 아버지께 물어보았다.

"아빠! 우리 집 가훈은 뭐예요?"라고 묻자, 아버지는 "가훈? 우리 경주 김씨 계림군파의 가훈은 '언제 어디서나 필요한 사람이 되자.'란다." 라고 말씀하셨다.

아버지와의 이야기가 기억에 남는 이유

솔직히 이 가훈은 아버지가 순간 만들어 내신 건지, 아니면 진짜 친가의 가훈인지는 알 수 없다. 더욱이 아버지가 돌아가셨기 때문에 앞으로도 알 수는 없다. 그럼에도 어렸을 때 아버지와의 이 대화가 기억에 남는 이유가 있다.

초등학교 2학년 때의 그 숙제 후 22년이 지난 시점에 조지워싱턴 대학원 우주정책학 수업에 전 NASA 국장님이신 마이클 그리핀Michael Griffin 박사님이 일일 강사로 왔었다. 우주정책학을 공부하는 학생들이 우러러보는 거물급 인사인 그리핀 전 국장님이 열 명도 안 되는 학생들을 위해 강연하러 오신 것이다. 이유는 지도교수님이신 페이스 교수님과의 두터운 친분 때문이었다.

1시간 정도의 강연이 끝나고 질의응답 시간이 주어졌다. 나는 그 좋은 기회를 놓치고 싶지 않아서 머릿속에 처음으로 떠오른 질문을 했다.

> "If you were to give us one advice on how to become a NASA administrator, what would it be?"
> "우리에게 NASA의 국장이 되는 하나의 방법을 알려 주신다면 무엇일까요?"

여기저기서 일해 보면서 많은 것을 경험하라

물론 NASA의 국장이 되는 정해진 방법은 없을 것이다. 연간 약 20조 원이나 되는 정부 예산이 할당되는 NASA. 그곳에서 국장이 되려면 높은 전문 지식은 물론 다양한 경험 속에서 큰 성과를 일궈 내야 할 것이다. 뿐만 아니라 연방정부 내의 치열한 정치적 환경 속에서도 살아남아야 한다. 또한 대통령 임명직이다 보니 그에 따른 두터운 네트워크도 필요하고, 타이밍과 운도 필요할 것이다. 종합적이고 복합적으로 생각할 사안이겠지만, 그럼에도 나는 그리핀 전 국장님이 가장 중요하게 생각하는 요소가 무엇인지 무척 궁금했다.

"That's an interesting question. Let's see… to be a NASA administrator…you have to have a variety of experiences. When a problem arises, you have to have an answer, or at least know where to get the answer to the problem. So, when problems come up, you want to be the person that people go to. When people ask "Who would know how to do this?" You want to be that person. And, the only way to be able to become that person is by having done a lot of things. I would recommend to move your jobs around often. If you are a civil servant, go out and try the industry, try the academia, and try being a contractor to the government. Go around and experience a lot of things. Don't get yourself stuck in one or two jobs. If you have done varieties of things, then your ability to connect dots and connect people will strengthen."

"흥미로운 질문이군요. 어디보자… 나사의 국장이 되려면… 많은 경험을 해봐야 돼요. 어떤 문제가 생겼을 때 답을 가지고 있어야 돼요. 아니면 적어도 답을 어디서 얻을 수 있는지 알아야 하겠죠. 그래서 문제가 생길 때마다 사람들이 찾는 사람이 되려고 노력해야 됩니다. '이거 어떻게 하는지 누가 알지?' 라는 질문이 나왔을 때 사람들이 찾아오는 그런 사람이 될 수 있어야 합니다. 그렇게 되기 위해서는 여러 가지 일을 해보는 수밖에 없어요. 그래서 저는 직업을 많이 옮겨 보라고 말해 주고 싶어요. 지금 공무원이면 기업에서도 일해 보고, 학계에도 몸담아 보고, 또 정부의 하청업체에서도 일해 보세요. 여기저기서 일해 보면서 많은 것을 경험해 보세요. 한두 개의 직장에만 갇혀 있지 마세요. 여러 가지 일을 해 본 사람이 점과 점 그리고 사람들을 이어 주는 역할을 잘할 수 있어요."

그리핀 전 국장님의 말 한 마디 한 마디를 정확히 기억하지는 못하지만 대략 그런 의미였다. 순간 22년 전 아버지가 말씀해 주신 가훈이 생각났다. '언제 어디서나 필요한 사람이 되자.'라는 경주 김씨 계림군 파의 가훈. NASA 전 국장님이신 그리핀 박사님이 또 그렇게 말씀하시다니… 참 신기했다.

그때 석사 과정을 시작한 지 얼마 되지 않았을 때라서 새로운 사람들을 만나 나를 소개해야 하는 경우가 많았다. 우주개발 쪽에서 일하는 사람들은 대부분 공학이나 과학을 공부한 사람들이다. 그런 사람들에게 "금융권에서 8년을 일하다가 우주정책을 공부하고 있어요."라고 말하면 대부분 흥미롭지만 의아해했다. 그래서 나름의 전문성에 대해 고민하는 기간이었다. 그리핀 전 국장님의 말씀과 수없이 되뇌었던 아버지의 가훈은 다양한 경험의 중요성에 대해 자신감을 주는 말이었다.

언제 어디서나 필요한 사람이 되자

새로운 경험들은 자신의 능력을 키워 준다. 직장을 옮기거나 아예 새로운 분야에 도전하는 등 대단히 역동적인 변화가 아니어도 된다고 생각한다. 새로운 경험을 회피하는 수동적인 삶은 성공과 멀어지기 마련이다.

원하는 대학, 원하는 직장에 들어갔다고 하더라도 모든 일이 풀리고 꽃길만 걷는 시대가 아니다. 반대로 원하는 학교나 회사에 지원했다가 떨어졌다고 인생이 망하는 것도 아니다. 오히려 다양한 경험을 통해 지속적으로 배우고 성장을 해야 한 자리에 머물지 않고 다음 단계를 이룰 수 있다고 생각한다.

여러 가지 일을 해본 사람이 더 많은 사람에게 도움을 줄 수 있고, 더 많은 지식을 공유하기 마련이다. 또 여러 사람에게 도움이 되는 사람이 더 많은 사람들의 머릿속에 남고, 지속적으로 그들에게 필요한 사람이 된다. 그렇게 되면 좋은 평가가 더 많이 퍼져나가고 더 많은 사람을 알게 될 것이다. 결국 그 사람들이 큰일을 하는 데 필요한 중요한 자산이 될 것이다.

나는 아버지가 말씀해 주신 가훈과 그리핀 전 국장님의 레슨을 혼합시켜 미래의 내 가족을 위한 가훈을 새로 만들었다.

'언제 어디서나 무슨 문제가 생겨도 도움이 될 수 있는 사람이 되자!'

"언제 어디서나 필요한 사람이 되자."

- 김종규, 지은이의 아버지

이상한 사람들이
세상을 바꾼다

석사 과정 첫 학기를 보내면서 슬슬 일자리를 알아봐야 한다는 느낌이 들었다. 기존 계획은 석사 과정 2년 대부분을 온전히 공부에만 집중하는 것이었다. 이후 취업 계획을 마련할 작정이었다. 하지만 모건 스탠리를 퇴사하고 3개월 정도 지나자 불안감이 생겨났다. 8년 동안 쉬지 않고 일하다 맞이한 공백기가 무척 부담이 됐다. 정기적으로 들어오는 월급이 없어 통장의 거래 내역은 플러스 없이 마이너스만 기록했다. 모아놓은 돈이 점점 줄어드는 게 신경 쓰일 수밖에 없었다.

거만한 학생의 충격적인 인턴십 탈락

그 와중에 우주비행산업협회Commercial Spaceflight Federation 인턴십

자리가 났다는 소식을 듣게 됐다. 곧바로 지원했다. '내가 모건 스탠리에서 과장까지 한 사람인데 설마 인턴십에 못 붙겠어?'라는 다소 거만한 생각으로 연락을 기다렸다. 며칠 후 전화 인터뷰를 볼 수 있는 기회가 주어졌다. 경력이 많았던 터라 여러 질문에 막힘없이 대답했다. 통화가 끝난 후에는 '이건 백퍼 되겠다'는 자신감이 들었다.

다음날 협회에서 전화가 왔다. 그런데 자신만만했던 기대와는 달리 탈락 통지였다. 나름 큰 쇼크였다. 모건 스탠리에서 일했던 경력과 전문 지식을 배양하고 있는 석사 과정 이력 정도면 취업은 어렵지 않을 거라 생각했었다. 그런데 협회의 인턴도 못 한다는 게 현실이라니……. 금융권을 떠나 꿈을 위해 시작한 도전을 일순 후회하는 마음이 들기도 했다.

후회를 한다 해도 시간을 돌이킬 수는 없으니 다시 정신을 차리고 여기저기 일자리를 알아보기 시작했다. 그러던 중 관련 기관에서 주관하는 사모임에 참석해 사람들과 대화를 나누다 NASA에 패스웨이즈 인턴십Pathways Internship이 있다는 것을 알게 되었다. 패스웨이즈는 미국 연방정부의 인턴십 프로그램으로, 고등교육에 재학 중인 학생을 선별해 채용하는 프로그램이다. 학업과 일을 병행하며 우수한 학점과 좋은 실적을 유지하면 졸업과 동시에 연방정부의 공무원으로 채용된다.

지원하면서 크게 기대도 하지 않았지만 그날 집에 가서 연방정부 채용 사이트(USAJOB.gov)에 들어가 검색해 보았다. 내가 살고 있던 메릴랜드 주에 있는 NASA 센터 중 하나인 고다드 센터Goodard Space Flight Center에서 리소스 애널리스트Resource Analyst 자리의 패스웨이즈 인턴을 뽑는 공고를 찾을 수 있었다. 마감일이 이틀 후라 허겁지겁 준비해서 지원했다. 연방정부의 채용은 특화된 이력서 형식이 따로 있다.

솔직히 지원할 당시에도 크게 기대는 하지 않았다. 우주비행산업협회의 인턴 자리에서 떨어진지 얼마 되지 않았고, NASA 취업이 불가능에 가깝다고 느끼고 있을 때였다. 우주에 대해 공부하는 모든 이들의 꿈이 NASA에서 일하는 것이 아닌가. 이제 막 진로를 우주 쪽으로 옮긴 내가 NASA에 공무원으로 채용되는 것은 공대 1년차가 구글Google에 입사하거나, 경제학 1년차가 모건 스탠리에 입사하는 것과 같이 가능성 제로에 가깝다고 생각했다.

몇 주 후 @nasa.gov로 끝나는 주소로 메일을 한 통 받게 되었다. 심장이 두근두근 뛰는 상태로 메일을 열어 보았다. 정말 인생 한치 앞도 모른다는 말처럼, 서류 전형에서 통과하여 다음 단계로 간다는 내용이었다. 심지어 고다드 센터 내의 여러 부서에서 나에게 관심을 갖고 있으니 스탠바이 하고 있으라는 메시지였다.

꿈에도 그리던 NASA에서 면접을 보다니

'오 마이 갓… 이게 뭐지…? 내가 NASA에서 면접을 본다고? 나는 아직 준비가 안 되었는데? 아직 내 꿈에 도달할 정도로 증명한 것이 없는 거 같은데… 이게 말이 되는 거야???'

여러 생각이 난무하며 허공으로 흩어지는 기분이었다. 도저히 흥분을 가라앉힐 수 없는 지경이었다. 몇 번이나 그 메일을 보고 또 보면서 '이게 진짜 현실이구나!' 하면서 쾌재를 불렀다.

현실이라도 받아들이기가 쉽지 않았다. 내가 NASA에서 면접을 본다니……. NASA를 넘사벽으로만 생각했고, 내 목표 중 끝판왕인 NASA에서 면접을 본다니……. 이제 우주정책을 공부한지 세 달이 채 안 되었는데…….

며칠이 지나서 면접 일정이 잡혔다. 2주 동안 총력전에 돌입했다. 중간에 NASA 인사부에 문의해 보니 단 한 번의 면접으로 결과가 나온다고 했다. 의외로 간단한 방식에 약간 놀라기도 했다. 이 한방(?)으로 어쩌면 내 일생이 결정되다니……. 나는 모든 것을 건다는 심정으로 내가 알고 있는 면접의 모든 노하우를 총동원해서 준비 작업에 들어갔다. 교수님들의 도움을 얻기 위한 면담 일정도 간과하지 않았다.

2015년 11월, 마침내 면접일. 미리 통보 받은 방식으로 NASA 고다드 센터 보안 절차를 통해 출입 등록을 하고 센터에 입성했다. 면접에 붙은 것도 아니고, 이제 막 면접을 보러 온 것이지만 가슴속에 벅차오르는 감동이 일렁거렸다.

'내가 여기서 뭐하는 건지……. 어떻게 여기까지 와서 이러고 있는
지…….'

마침내 면접장 문이 열리고

그리고 어마어마한 규모에 또 놀랐다. 고다드 센터는 5백만 제곱미
터(약 150만 평)의 대지에 40여 개의 빌딩으로 구성되어 있다. 그 안에
약 3천 명의 공무원과 7천 명 정도의 하청업체 직원들이 근무하고 있
다. 연간 예산이 약 5조 8천억 원(미화 52억 달러)이나 되는 연방정부 기
관의 과학science, 기술technology, 연구research 그리고 공학engineering
의 파워하우스powerhouse다.

관광 온 사람인 양 여기저기 구경을 하고 싶었지만, 면접에 집중하
자고 마음을 다잡고는 면접장을 찾아 나섰다. 안내를 받아 면접장 앞
에서 잠시 기다렸다. 그리고 마침내 면접장 문이 열렸다. "Mr. Kim,
please come in."이라는 말이 뒤따랐다.

면접장에 들어섰을 때 우선 크기에 놀랐다. 어마어마한 센터 규모
와 상반되게 면접장은 작은 회의실에 불과했다. 두 번째로 놀란 것은
면접관이 일곱 명이나 있었다는 점이다. 사전에 몇 명의 면접관이 있
을지는 통보를 받지 않았기 때문에 당연히 일반적인 면접처럼 일대일
이나 일대이 면접이 될 줄 알았다. 무려 일대칠 면접이라니! 순간 당

황했지만 '일곱 명이면 어떻고 한 명이면 어떤가, 어차피 내 모든 것을 진솔하게 보여주고 나오면 되는 것인데.' 정신을 가다듬고 면접에 임했다.

면접은 1시간 동안 이어졌다. 내가 답하지 못하는 어려운 질문은 없었다. 아무래도 경력직을 뽑는 것이 아니고 인턴십을 뽑는 것이기 때문에 면접을 준비하는 동안 더 자신 있게 임해야겠다고 생각했다. 보통 면접을 볼 때는 이력서를 토대로 내가 했던 일에 대해 질문한다. 따라서 내가 했던 일들에 대해서는 내가 가장 잘 알고, 그 경험에 대해서 말하는 것뿐이기 때문에 어렵다고 생각하지 않았다. 편하게 내 스토리를 말한다는 생각으로 준비했다.

예상대로 면접관들은 내가 모건 스탠리에서 했던 일들에 대해 물어보았다. 나는 그때의 경험을 떠올리며 차근차근 질문에 대답했다. 인턴십 잡 디스크립션job description에 나왔던 것들을 내 경험에 연관시키는 것도 잊지 않았다. 예를 들어, 모건 스탠리에서 했던 일 중 소통 기술communication skill의 중요성을 실감했던 사례와 성과 등을 설명했다. 그러면서 NASA에서 일하게 되면 이러한 경험이 나와 조직에 큰 도움이 될 것이라고 어필했다. 모건 스탠리와 NASA가 하는 일은 현저히 다르지만, 내가 했던 경험들이 NASA에서도 크게 도움이 될 것이라는 점을 강조하고 싶었다.

그리고 면접 10분을 남겨 놓고 마지막 질문을 받았다.

"Your experience is quite unique for an applicant for this position. Why did you choose to do your master's in space policy and apply here when you had a perfectly good career going on at Morgan Stanley?"

"문의 경험은 이 자리에 지원한 사람으로서 굉장히 유니크해요. 모건 스탠리에서 좋은 커리어를 쌓고 있었는데 왜 우주 정책을 공부하며 석사를 하게 됐고, 여기 NASA에 지원하게 되었죠?"

일곱 명의 면접관 중 한 명이 이 질문을 하자, 나머지 여섯 명도 궁금하다는 듯이 고개를 끄떡였다. 속으로 나는 '이제 나의 쇼show구나!'라고 생각했다. 지난 몇 년간 내가 했던 경험들, 일에 대한 생각, 삶에서 느꼈던 허무함, 꿈에 대한 도전 그리고 내가 왜 NASA에 오고 싶은지에 대해 진솔하게 설명했다. 10분 넘게 설명했을까? 내 말이 끝났을 때 일곱 명 면접관 모두가 내 말에 집중하고 있었음을 느꼈다. 그리고 면접이 끝났다.

몇 주 후인 2015년 11월 16일, 면접에 합격했다는 메일을 받았다. 뛸 듯이 기뻤다. 그리고 다음 해 2월부터 NASA의 리소스 애널리스트Resource Analyst로서 근무를 시작했다. 그토록 꿈에 그리던 NASA에 입성해서 연간 1,500억 원의 예산을 관리하며 '리스토어 엘Restore-L'이라는 우주정비선 프로젝트에 참여하게 된 것이다. 마침내 내 꿈이 비상하게 된 것이다.

Distinctively You 독특한 그대

이렇게 입사를 하고 적응 기간이 끝난 몇 달 후, 갑자기 NASA에서 일하고 있는 내 모습이 너무 뜬금없어 웃은 적이 있다. 불과 몇 달 전만 해도 광화문에 있는 모건 스탠리 서울 지사에 출퇴근을 하며 평범한 삶을 살고 있던 나. 그런데 갑자기 정신을 차려 보니 NASA에서 우주비행선 프로젝트에 참여하고 있지 않은가. 내 모습이 너무 생소했다. 내가 어떻게 여기까지 왔는지 너무 신기했다. 마침 내 자리를 지나가던 상사에게 내가 어떻게 뽑혔는지 물어봤다.

그분 설명에 따르면, 서류 심사 담당자가 투자 은행 근무 경력자가 NASA에 지원한 것은 처음 봤다며 신기해했다고 한다. 그런 신선함이 담당자의 관심을 끌었다는 것이다. 다른 지원자들과 달랐던 내 이력이 새로운 관점을 가지고 올 수 있다고 판단했다고 했다. 결국 평범하지 않은 '이상함'이 나를 NASA로 이끈 셈이다.

이 대화가 있기 몇 달 전이다. 우주정책연구소에서 비슷한 질문을 한 적이 있다. 우주정책에 대해 공부하고 있는 내가 신기해서 지도교수님이신 스콧 페이스 교수님께 나를 왜 합격시켰는지 물어본 적이 있다. 교수님의 답도 상사의 답과 비슷했다. 금융권에서 일 잘하다가 우주정책을 공부하려는 사람이 어떤 사람인지 궁금했다고 하셨다. 한마디로 어떤 이상한 놈인지 보고 싶었다는 것이 석사 과정에 합격할 수 있었던 중요한 이유였던 셈이다.

자신을 더 독특하게 차별화하는 선택

180도 방향을 틀어 다른 삶을 살아보겠다고 결심했을 때, 한편으로는 비관적인 생각에 부딪혔었다. '남들과 다르다는 것은 이상한 것인데 괜찮을까?' '남들과 같이 그냥 주어진 직장 생활에 만족하며 결혼하고 안정적으로 살아야 되는 것 같은데, 나만 이상해도 괜찮을까?' 여러 생각들 속에 주춤했던 적이 있었다.

하지만 석사 입학이나 NASA 입사는 결국 이러한 이상함이 낳은 결과들이기도 하다. 남들과는 다른 '이상한' 방향으로 갔기 때문에 더 뚜렷한 내가 될 수 있었던 셈이다. 어쨌든 '김문재'는 독특한 사람이 되었다. 또한 그 독특함 때문에 사람들의 관심을 받았고, 해보고 싶은 일들에 한 발짝 더 다가갈 수 있었다.

자신을 더 독특하게 차별화하는 것이 나 홀로 서는 과정의 필수 덕목이라는 생각을 해본다. 아무도 해보지 않은 것을 찾는 게 쉽지는 않겠지만, 새로운 경험의 조합으로 독특해질 수 있다고 믿는다.

독특한 삶을 사는 사람들이 종종 있다. 모건 스탠리에 다니는 한 후배는 힙합 매거진의 에디터로도 활동한다. 또 하버드 교육대학원에서 석사를 하던 친한 동생은 래퍼로도 활동한다. 담배 회사에서 근무하던 친구는 커리어 체인지를 위해 MBA에 진학하여 지금은 세계적인 컨설팅 회사인 맥킨지McKinsey & Company에서 근무하고 있다. 이런 사람들처럼 자신이 평범해지는 것을 거부하는 사람들이 있다. 그리고 그런 사람들은 자신감이 넘치는 사람들이다.

이상한 사람들이 세상을 바꿀 가능성이 높다

평범하고 보편적인 이야기는 재미가 없다. 그래서 이러한 특이성 및 반전은 새로운 사람들의 흥미를 사는 데 도움이 된다. 뿐만 아니라 다양한 경험은 자신의 시야를 넓혀 주고, 만날 수 있는 사람들의 폭을 넓혀 주며, 새로운 것을 더 해볼 수 있는 기회를 제공한다. 그리하여 새로운 것을 배울 수 있게 해주고, 더 뚜렷한 내가 될 수 있게 도와준다.

세계적으로 영향력을 행사하는 UN 같은 기관들이나 문화적으로 큰 업적을 이루고 있는 디즈니Disney와 마블Marvel 같은 회사들. 새로운 기술로 인간이 콘텐츠를 사용하고 접하는 방식을 바꾸어 버린 구글이나 페이스북 같은 기업들. 지식 창출의 기반이 되는 하버드Harvard, 엠아이티MIT, 옥스퍼드Oxford 같은 대학들. 그리고 국가 정책에 발판이 되는 랜드RAND나 한국개발연구원 같은 연구소. 그런 곳에서 일하는 사람들 개개인을 보면 대부분 다양하고 특이한 경험을 한 사람들이 무척 많다.

다양한 경험을 한 사람들이 이런 곳에서 일하는 것은 결코 우연이 아닐 것이다. 새로운 것들을 만들어내고, 새로운 문제를 풀기 위해 고민하며, 기업이나 기관의 어려운 난관을 헤쳐 나가는 것은 평범한 일들이 아니다. 그러므로 평범한 일을 하는 사람들보다는 평범하지 않은, 이상한 사람들을 더 선호한다. 세계 최고의 MBA 과정으로 꼽히는 펜실베이니아 대학University of Pennsylvania 와튼 스쿨Wharton School의 MBA를 다닌 사촌형이 말하기를 와튼에는 이상한 사람들밖에 없다고 했다. 이상한 사람들이 세상을 바꿀 가능성이 더 높은 것 같다. 그 학교에서는 세상을 바꿀 사람들을 키워내고 있다는 것이다. 다양한 경험을 많이 해본 사람이 성공할 가능성이 더 큰 시대이다.

누군가가 "혁신은 답이 없이 시작한다.Innovation starts without an answer."라고 말했다. 인생에 답이 있는 듯한 길만 가는 것보다는 여러 길을 다녀 보는 것이 오히려 현명하다고 생각한다. 자기만 될 수 있는 독특한 자신이 되는 건 무척 즐거운 일일 것이다. 그리고 상상하지 못하는 기회를 잡을 수 있을 것이다.

Be distinctively you.

**"If you are always trying to be normal,
you will never know how
amazing you can be."**

항상 평범하려고만 한다면,
자신이 얼마나 멋진 사람이 될 수 있는지 모를 것이다.

– 마야 엔젤루Maya Angelouy, 시인

꿈을 공유하라

"너는 커서 뭐가 되고 싶어?"

"너는 꿈이 뭐야?"

어릴 때는 이런 질문을 많이 받는다. 그러다 나이가 좀 더 들면 이런 질문을 덜 듣게 된다. 중학생이 되면 꿈은 그만 꾸고 사회적 시스템이 인도하는 길로 가는 게 당연한 듯이 말이다. 고등학생이 되면 "너는 어느 대학 가고 싶어?"라는 질문을 많이 듣게 된다. 또 대학생이 되면 "너는 어느 회사 가고 싶어?"라는 질문을 많이 듣는다. 하지만 내 생각에는 주로 혼날 때 듣는 "너는 뭐가 되려고 그러냐?"라는 질문이 차라리 낫다.

이러한 이유 때문인지 내가 뭐가 되고 싶은지, 나의 꿈이 뭔지에 대해 누구와 말 하는 게 어색하다. 그러나 꿈이 있다면, 내가 생각하는 나만의 미래가 있다면 그것을 사람들과 공유하는 것이 좋을 것 같다. 어색함은 잠시지만 얻는 것이 훨씬 더 많기 때문이다.

석사 과정을 밟았던 조지워싱턴 대학은 모교인 메릴랜드 주립대학과 40분가량 떨어져 있다. 덕분에 석사 과정을 밟는 도중 모교 한인 학생들과 연결이 되어 커리어에 대한 강연도 하고, 재학생들과도 교류했다. 이력서 첨삭을 부탁하는 후배, 면접 준비에 SOS를 치는 후배, 인턴십을 하며 회사 생활에 힘들어 하는 후배, 연애에 힘들어하는 후배, 인생의 방향을 못 잡은 후배, 그냥 술 한 잔 하면서 넋두리 하는 후배 등등. 나보다 조금 더 어린 후배들을 만날 수 있는 기회가 많았다. 이런 친구들에게 내 경험을 이야기해 주며 그들의 멘토 역할을 하기도 했다.

가을 학기가 시작되고 얼마 지나지 않은 어느 날이었다. 메릴랜드 대학교에 갓 편입한, 한 번 정도 만났던 후배에게서 주중 저녁에 술 한 잔 할 수 있느냐는 문자를 받았다. 그것도 내 집에서. '얼마나 힘들었으면 한 번밖에 본 적이 없는 나에게 이런 시간을 부탁할까' 하는 생각을 하며 흔쾌히 승낙했다. 약속이 잡힌 날 점심시간 즈음에 연락이 왔다.

"형, 학교에서 애들이랑 얘기하다 오늘 형네 집에 놀러간다고 하니까 애들도 가고 싶어 하는데, 혹시 몇 명 더 가도 되요?"

나는 '한두 명쯤 더 오겠지.'라는 생각에 "당연하지."라고 답했다.

약속시간이 다 되어 초인종이 울려 문을 열었더니 한두 명이 아니라 여섯 명이었다. 순간 '뭐야 이 떼거지는?' 순간 당황했지만, 이미 우리 집까지 온 후배들을 돌려보낼 수는 없었다. 환하게 그들을 반겼다.

나를 포함해서 여섯 명이 모였다. 2학년 한 명, 3학년 한 명, 졸업반 후배 두 명, 졸업 후 취업한 후배 한 명, 그리고 30대인 나. 맥주를 마시면서 자연스레 대화를 이어 갔다. 연애 얘기로 시작해서 학교 다니는 게 얼마나 힘든지, 취업은 얼마나 어려운지, 미국으로 유학 온 것이 잘한 건지, 미국에서 한인 유학생으로서의 좋은 점과 나쁜 점, 한국에서 대학 생활을 했으면 어땠을지 등등.

술이 들어가면서 점점 대화가 진지해져 갔고, 2시간쯤 지났을 때 우리의 주제는 '미래'로 가고 있었다. 그때 졸업반인 후배가 옆에 있던 3학년 후배에게 물었다.

"너는 꿈이 뭐야?"

이 질문 하나에 우리의 시선은 3학년 후배에게 쏠렸다. 질문은 받은 후배는 처음에는 수줍어하더니 우리가 듣고 싶어 하는 것을 눈치 챈 듯 자기 꿈에 대해 이야기했다. 이 질문을 시작으로 우리 여섯 명은 돌아가면서 각자의 꿈에 대해 말하는 특별한 계기가 되었다.

이 라운드 토크round talk를 통해 우리는 세 가지 좋은 경험을 할 수 있었다.

첫 번째는 서로를 더 알아 갈 수 있었다. 나를 제외한 나머지 여섯 명은 같이 학교를 다니거나 다녔던 친구들이다. 나름 서로 친하다고 생각하던 사이였다. 하지만 컴퓨터공학을 공부하는 졸업반 친구의 꿈이 헬스장 개업이라는 것은 몰랐다. 한 사람 한 사람 꿈을 이야기하면 "네가 그런 생각을 했어?" 또는 "와~ 너 그런 꿈이 있었어? 멋있는데?" 라며 서로에 대해 더 알아 가게 되었다. 서로가 일상에서 그냥 알고 지내는 정빈이, 소정이, 종환이, 경일이, 준원이 그리고 문재가 아닌 사이로 변한 것이다. 각자 자신의 꿈을 가지고 사는 사람으로서 서로를 조금 더 깊이 알아 가는 사이로 발전했다.

두 번째로는 꿈과 목표에 관련된 새로운 정보를 얻을 수 있었다. 예를 들어, 기계공학을 공부하던 후배는 자신의 꿈에 대해 이야기하면서 록히드 마틴Lockheed Martin이라는 회사에 대한 동경심을 표현했다. 처음으로 자기 꿈에 대해 공개적으로 말하는 자리에 내가 있었던 것이다. 록히드 마틴은 NASA의 협력업체 중 하나였다. 나는 그 회사 사람들이랑 일을 같이 하면서 직접적으로 들은 것들과 경험했던 것들을 토대로 채용에 관한 정보를 줄 수 있었다. 그 정보를 통해 그 후배는 목표를 향해 나아가는 아주 작은 첫발을 내딛을 수 있었다.

우리 모두 각자 다른 인생을 살고 있다. 누군가가 자신만의 삶 속에서 경험을 통해 얻은 정보의 양이나 깊이는 알 수 없다. 그래서 특정한 분야에 대해 대화하기 전까지는 내 앞에 앉아 있는 사람이 그 분야에 대한 정보가 있는지 없는지 모른다. 사람들과 자신의 꿈이나 목표를 공유하다 보면 그 분야에 대한 정보를 얻게 된다.

나에게도 이러한 경험이 있었다. 모건 스탠리 퇴사 후 미국으로 오기 전에 모건 스탠리 홍콩 지사에 들렀던 적이 있다. 회사 내에서 친하게 지냈던 친구들과 같이 일했던 동료들에게 인사를 하며 우주정책을 공부하기 위해 대학원에 간다고 말했다. 그러자 그중 한 명이 말했다.

> "Space? There is a guy in the derivatives team who used to work in the space sector! You should talk to him!"
> "우주? 저기 파생상품팀에 우주 관련된 일을 했던 사람이 있는데! 가서 대화해 봐!"

나는 우주 관련된 일을 하고 싶어서 모건 스탠리를 떠나 공부하러 가는데, 나와 반대로 모건 스탠리에 우주 관련된 일을 했던 사람이 있다니……. 상상도 못했다. 그 사람을 찾아가서 대화를 하게 되었다. 알고 보니 그는 모건 스탠리에 오기 전에 ESA(European Space Agency)와 JAXA(Japanese Aerospace Exploration Agency)에서 컨설턴트로 일한 경험이 있는 사람이었다. 그도 나를 신기해했고, 나도 그를 신기해했다. 비록 짧은 시간이었지만, 그는 자기가 아는 정보를 공유해 주었다. 우주 관련된 일을 이제 막 시작해 보려는 내게는 당연히 큰 도움이 되는 정보들이었다. 나도 그랬고, 그 후배도 그랬듯이 꿈과 목표에 대해 말하지 않았으면 얻을 수 없는 정보들이었다.

세 번째로는 자신이 원하는 진로에 도전해 볼 수 있는 기회를 얻는 경험을 했다. 다섯 명의 후배 중 편입생인 후배는 경제학을 전공하는 학생이었다. 서로의 꿈을 얘기하면서 이 후배는 자신의 꿈인 문화 콘텐츠 사업에 대해 설명했다. 힙합을 좋아하고 스트리트 브랜드를 좋아하는 이 후배는 자기가 좋아하는 문화를 대중에게 더 알릴 수 있는 문화 마케팅을 하고 싶다고 했다. 그 분야에서 일해 본 경력이 있냐고 물어보니, 한숨을 쉬며 말했다.

"형, 제 전공은 마케팅이 아니라서 제가 하고 싶은 분야에서 인턴을 해보는 게 쉽지가 않아요. 제가 하고 싶은 건 마케팅 쪽 일인데, 그 분야는 마케팅 전공자를 선호하더라고요. 그래서 기회가 많지 않아 걱정이에요."

이 후배는 자기 주위에 그런 일을 하는 사람이 없었던 것이다. 우연히 꿈을 공유하는 자리가 되어 자기가 해보고 싶은 일에 대해 공유했는데, 마침 내 친구 중에 크리에이티브 디렉터인 친구가 있었다. 나는 이 후배와 내 친구를 연결해 주었다. 그해 겨울방학, 이 후배는 내 친구 회사의 인턴으로 들어가 자신이 원하는 분야에서 일하게 되었다. 우연히 공유했던 꿈이 인턴십으로 연결되는 계기였다.

술자리가 끝난 다음 날, 마치 약속이라도 한 듯 다섯 명 모두 나에게 그런 자리를 만들어 줘서 고맙다는 문자를 보내 왔다. 꿈에 대해 이야기할 수 있는 자리가 없었는데 너무나 좋은 시간이었다고 했다. 그들이 좋은 경험을 해 나 역시도 고마웠지만 꿈에 관한 대화를 할 자리가 없다는 게 한편으로는 아쉬웠다.

　우리가 사는 사회는 자신의 꿈을 말하면 어색한 분위기가 연출되곤 한다. 어쩌면 우리는 꿈과 동떨어져 살아가는 사람인지도 모른다. 그런 면에서 자신의 꿈과 목표를 열 번 공유해 보면 아홉 번은 어색하고 뻘쭘해지더라도 한 번 정도는 그 목표에 더 다가갈 수 있는 계기를 마련할 수 있다고 믿는다. 자신의 꿈을 여러 사람들과 공유하는 것은 자신의 꿈을 더욱 현실화하는 과정이기도 하다. 혹시나 자신의 꿈을 나누었는데 그 꿈에 대해 비웃거나 비판하는 사람이 있다면 그 사람은 꿈을 꾸어 보지도 못한 사람일 것이다. 꿈을 꾸고 목표를 향해 달려 보았던 사람은 그 꿈의 소중함을 잘 알기에 남의 꿈을 결코 무시하지 않을 것이다.

빅 픽처로
자신의 미래를 살펴라

석사 과정 첫 학기를 끝내고 인턴십 프로그램을 통해 취직한 꿈의 직장 NASA. 나는 1년 반 동안 이 인턴십을 통해 1주일 최소 40시간을 일하고 저녁에는 학교에서 석사 과정을 이수했다. 살인적인 스케줄을 소화하면서도 학교에서 좋은 성적을 유지했다. 석사 논문을 학술지에 게재하기도 했다. 조지워싱턴 우주 소사이어티의 회장과 한인 대학원 학생회 회장 등과의 교내 활동도 소홀히 하지 않았다. 회사에서는 승진도 했다.

다시 찾아온 허무감

이렇게 100m 달리기를 하듯 1년 반 동안 쉴 틈 없이 뛰었다. 잠이 부족해 매일 파워냅power nap(원기 회복을 위한 낮잠)을 해야 할 정도로 육

체적인 고난이 있었지만, 정신적으로는 힘들지 않았다. 오히려 정신적으로 엄청난 힘을 발휘할 수 있었다. 내가 하고 싶은 일을 하고 있었기 때문이다.

그렇게 2017년 5월에 석사 과정을 졸업하고 정식으로 NASA에서 일하는 연방공무원이 되었다. 3년 반 전부터 준비하고 진행했던 내 꿈에 도달했다. NASA 로고가 박힌 내 명함을 보고 '내가 NASA의 직원이라니……'라고 혼자 감격하며 정신없이 지냈던 지난 시간의 노력이 낳은 결과를 즐길 수 있게 되었다.

하지만 그 기쁨도 잠시였다. 매일 아침 8시 반까지 출근해 8시간을 근무하고 학교에 갔다가 집에 돌아오면 자정이었다. 그러던 하루가 9시까지 출근해서 5시에 퇴근하면 마무리되는 하루로 바뀐 것이다. 내가 할 수 있던 최대한의 힘으로 질주를 하다 갑자기 산책하는 기분이 드니 무엇인가 허무했다.

모건 스탠리에 있을 때 느꼈던 것과는 달랐다. 그때는 내가 왜 하는지 몰랐기 때문에 공허했다. NASA에서는 내가 왜 이 일을 하고 있는지 알고 있었다. 하지만 학교와 일을 병행하다 일만 하게 되니, 무엇인가 더 할 수 있는 힘은 있는데 딱히 뭘 해야 할지 몰랐다. 내 꿈은 우주 개발에 기여하기 위해 NASA에 취직하는 것이었고, 그것만을 위해 노력했다. 그 후에 대해서는 생각하지 않았기 때문에 정작 이루고 보니 그 다음에 무엇을 해야 하는지 몰랐던 것이다. 앞으로 질주만 하다가 갑자기 멈춰 선 느낌이었다.

우리는 중고등학교 내내 '대학교에 가는 것만 집중하라!'는 말에 더 멀리 생각해 볼 여지도 없이 공부만 하고 대학교에 진학한다. 대학 내내 '취업에 모든 힘을 다하라!'는 말에 취업 이후의 삶을 생각해 볼 기회도 갖지 못한 채 사회로 떠밀려진다. 그리고 안정적인 삶을 살 때에 하고 싶은 것을 하라고 한다. 그러면 이미 서른 즈음인데…….

눈앞의 목표를 달성한 이후의 삶

이렇게 항상 자신에게 주어진 뚜렷한 트랙 위에서 바로 앞에 있는 것만 보고 전력으로 질주하다 갑자기 허허벌판에 놓여진다. 그래서 공허함을 느끼지만 딱히 다른 방식이 없으니 그냥 남들이 하는 대로 주위에 맞추며 살아간다.

나도 이러한 패러다임에서 벗어나지 못했었다. 고등학교 때는 대학교에 가는 것까지만 생각했다. 대학 때는 취업이라는 문턱까지만 가는 것을 생각했던 것처럼 모건 스탠리에서 퇴사할 때는 석사를 마치고 NASA에 취업하는 것까지만 생각했다. 눈앞의 목표를 달성하고 나서 그 이후에 대해 생각해 보지 않았기 때문에 또다시 길 잃은 양이 되어 버린 것이다.

이런 고민을 안고 석사 과정 때의 지도교수님을 찾아간 적이 있다. 멘토 스콧 페이스 교수님은 MIT 공대 출신으로 1980년대 록웰 인터내

셔널Rockwell International이라는 회사에서 근무했다. 그곳에서 우주왕복선을 NASA에 납품하는 정부 조달을 성사시키기도 했다. 이후 랜드코퍼레이션RAND Corporation이라는 미국 최대의 싱크탱크Think Tank의 연구원, 미국 연방정부의 상무부, 조지 W. 부시 정부의 백악관 과학기술부, NASA 부국장을 거쳤다. 당시에는 조지워싱턴 대학교 우주정책 연구소장 겸 교수로 계셨던 분이다. 현재는 백악관 국가우주위원회의 National Space Council의 사무국장으로 재임 중이다. 수많은 업적을 이루고 미국의 우주정책 한가운데 있는 페이스 교수님께 물어보았다.

"You have accomplished so much in your career and you continue to do so. What drives you?"
"교수님은 여태까지 엄청나게 많은 성과를 이루고 지금도 지속적으로 이루고 있는데, 무엇이 교수님을 그렇게 움직이는 거죠?"

교수님은 웃으면서 말씀해 주었다.

"The presence of human has gone beyond just the Earth, and it continues to expand. Humans have been to the Moon, we have man-made robots in Mars, and in the future, people will be living in Mars, the Moon, or wherever outside of the Earth. I want to do my best to make sure that the values that I believe in, the values of democracy, the values of inalienable rights, and the values of free and open market, to be represented wherever mankind reaches. That's why I do things."

"나는 인간이 언젠가는 다행성종이 될 거라 믿네. 사람들이 화성이나 달이나 지구 외 어디든 다른 행성에서 살 걸세. 이러한 날이 올 때 민주주의, 인간의 천부인권 그리고 자유 시장과 같은 내가 믿는 중요한 가치관들이 다른 행성에서도 대표가 되기를 바란다네. 이것이 내가 일하는 이유라네."

내가 원하는 미래 그리고 빅 피처

너무나 멀리 보고 있는 교수님의 꿈에 놀랐다. '이런 스케일의 빅 픽처를 보다니……. 나는 그냥 먼지밖에 안 되네.' NASA 취업이라는 눈앞에 있는 것에 온 힘을 다한 나를 초라하게 만드는 답변이었다. 교수님이 이루고자 하는 꿈을 토대로 내가 느끼는 허무함에 대하여 생각해 보았다.

보통 취업의 방식은 두 가지가 있다. 첫 번째는 삼성, 현대, SK, 네이

버, 기업은행, 한샘 등의 크고 작은 기업들이 사업 운용에 필요한 자리를 위해 채용 공고를 하면 자신에게 맞을 것 같은 자리를 찾아 지원하는 방식이다. 우선 입사가 목표이며 기업에서 어떠한 직원이 되고, 어떠한 일을 하고 싶은지는 생각하지 않는다.

두 번째는 변호사, 간호사, 엔지니어, 디자이너, 카피라이터, 컨설턴트, 회계사, 애널리스트, 프로그래머 등의 특정한 직업을 얻기 위해 그 분야의 실력을 쌓으며 그 직종이 있는 회사에 지원하는 방식이다. 이 과정에서도 직업을 얻는 것만 생각하고 어떠한 변호사, 어떠한 간호사, 어떠한 엔지니어가 되고 싶은지는 깊게 생각하지 않는다. 결국에는 직업이 내가 달성하고픈 목표의 끝이 되고 꿈이 되어 버린다.

모건 스탠리와 NASA 둘 다 이러한 방식들로 다가갔고, 각 회사에 취업하고 나서 그 후의 삶에 대한 생각을 미리 하지 못했다. 계속 눈앞에 있는 단편적인 목표들만을 달성하며 살아왔지, 삶을 더 멀리 더 크게 보고 나의 성장을 통해 어떠한 사람으로 살아가고 싶은지에 대한 생각을 하지 못했다.

이런 식으로 눈앞에 있는 목표 하나 이루고 또 새로운 목표를 세우는 단편적인 삶의 연속이 되면 중간 중간에 공허함이나 허무함을 느끼게 될 것이다. 또한 커리어 자체가 뚜렷한 방향성 없이 흘러가게 될 것이다.

세상을 바꾸는 데 도움이 되는 사람

그래서 생각하게 된 것이 특정한 회사나 직업을 자기 목표의 끝으로 삼지 않고 자신의 꿈을 위한 수단으로 삼는 것이다. 자신의 직업을 커리어 전체를 보며 어떠한 사람으로 살고 싶은지와 같은 반半영구적인 큰 목표를 생각해 보는 게 필요할 것 같다. 또 그 목표를 이루기 위해 특정한 회사, 직종, 직업, 자격증, 학위, 인맥, 경험 등을 하나하나 거쳐 가는 것이라 생각한다. 내가 원하는 미래에 도달한다는 빅 픽처를 가지고 나아가면 지속적으로 발전하고, 방향성이 있는 자신을 찾게 될 것이라 믿는다.

예를 들어 그냥 회사의 직원, 변호사, 간호사, 엔지니어가 되는 것이 아니고, 업계를 변화시킬 비즈니스맨이 되기 위해 이 회사 저 회사에서 근무해 보고, 약자의 인권을 위해 싸우는 사람이 되고 싶어 우선 변호사가 되는 것이고, 환자의 심적인 고통을 어루만져 줄 수 있는 사람이 되고 싶어 지금의 직업이 간호사인 것이고, 인간의 삶을 향상시켜 주는 사람이 되고 싶어 그 기술의 기초를 배울 수 있게 첫 직장으로 대기업 엔지니어가 되겠다고 생각하는 것이다.

현재 내 꿈은 인류의 우주개발에 기여하여 사회를 옳은 방향으로 갈 수 있도록 영향을 미치는 것이다. 나는 이 꿈을 이루는 과정에서 여러 직업을 가져 보고 싶다. 모건 스탠리에서 일하며 금융의 흐름을 배웠고, NASA에서 일하며 우주개발이 어떻게 이루어지는지를 배웠다.

앞으로는 박사 학위를 취득하여 싱크탱크에서 연구원으로 일해 보고 싶다. 또 백악관의 과학기술부에서도 일해 보고 싶고, NASA의 높은 자리에서도 일해 보고 싶다. 언젠가는 한 국가의 장관이 되어 국민을 섬겨 보고 싶은 생각도 한다. 페이스 교수님처럼 다음 세대를 이끌어 갈 리더들도 키워 보고 싶다.

언젠가 꿈이 또 변할 수도 있지만 지금의 나는 열정과 전문성을 통해 세상을 바꾸는 데 도움이 되는 사람이 되고 싶다. 그중에 내가 갖게 될 직업들은 그러한 사람이 될 수 있게 도와주는 단계일 뿐이다. 나에게 직업은 궁극적인 목표가 아닌, 꿈을 실현시켜 나가는 방식일 뿐이다. 그리고 모든 일이 그렇듯 방식은 많다. 방식 중 하나가 안 되거나 엎어지면 다른 방식을 찾으면 된다.

보통 20대 중반에서 후반 사이에 첫 직장, 첫 직업을 갖게 된다. 100세 시대에 사는 우리가 인생의 첫 4분의 1 지점에서 하는 일이 평생 지속될 확률은 적다. 그러니 눈앞에 있는 것만 보지 말고 크게 봐야 한다고 생각한다.

"Fear not that thy life shall come to an end, but rather that it shall never have a beginning."

네 삶이 끝나기를 두려워하지 말고,
오히려 시작이 없을 수 있음을 두려워하라.

– 존 헨리 뉴먼John Henry Newman, 영국의 신학자

드디어 찾아낸
내가 일을 하는 이유

NASA 입사 첫날에 오리엔테이션이 있었다. 우리 동기들을 반겨 주었던 인사부 과장님은 NASA를 소개하면서 기관의 비전 vision을 설명해 주었다.

"We reach for new heights and reveal the unknown
for the benefit of humankind."
"우리는 새로운 높이에 도달하고 인류의 이익을 위해 세상에
알려지지 않은 것을 밝혀낸다."

심장을 마구 뛰게 하는 NASA의 비전 선언문
돈을 벌어서 소비하기 위해 일하는 것이 아닌, 세상을 더 좋게 만들

기 위해 일하고 싶었던 나의 심장을 마구 뛰게 하는 비전 선언문vision statement이었다.

나는 모건 스탠리 재직 때와 확연히 달라졌다. 일하는 산업 자체가 다르고, 하는 일이 다르다는 것이 가장 눈에 띄는 차이다. 하지만 정작 직업이 바뀌었다는 자체는 큰 의미가 없다고 생각한다. 중요한 것은 내가 일을 하는 이유를 인지하고 하루하루를 살아간다는 점이다.

일을 하는 이유는 더 이상 '돈을 벌려고' 일하거나 '그냥' 일하는 것이 아니었다. NASA에서 내가 속한 '리스토어-엘Restore-L'이라는 프로젝트가 미국의 우주개발에 도움이 될 것이라 믿었고, 그 프로젝트에 내 능력을 발휘해 기여하고 싶었다. 지금은 우주개발이 미래의 인류에게 큰 의미가 될 것이라는 믿음으로 인류 우주개발에 일익을 담당하고 싶은 마음이 가득하다.

'그냥'이라는 대답이 나오면 진로를 바꾸는 것도

사회 생활은 힘들다. 내가 회사에서 하는 반복적인 일, 사람들과의 대화, 가기 싫은 미팅, 하기 싫은 리포트 정리, 교수님과의 면담, 스터디 그룹, 자격증 시험, 선배나 상사의 잔소리와 압박 등 일상 속에서 나를 힘들게 하는 것들은 아주 많다. 그 누구도 쉽게 사회 생활을 하지는 않는다.

하지만 내가 왜 이러고 있고, 왜 여기에 있고, 왜 일하는지에 대한 이유를 알고 있으면 이러한 힘든 하루 일과들이 덜 힘들게 느껴진다. 그리고 더 열심히 하게 된다. 내가 이걸 왜 하는지에 대한 의문이 들지 않고, '이것' 때문에 한다는 것을 알기 때문이다.

자신이 지금 이루고자 하는 일을 왜 하는지에 대해 생각해 보는 게 무엇보다 중요하다고 생각한다. 그 이유를 파고들어서 거듭 '왜?'라고 질문해 보는 것도 중요하다. 왜 디자이너가 되고, 왜 대기업에 입사하려 하고, 왜 의사가 되고 싶은지에 대해 생각해 볼 필요가 있다. 그 다음에는 '왜 돈을 벌어야 하며, 돈을 벌어서 무엇을 하려 하는지', '왜 안정적인 삶을 살아야 하고, 안정적인 삶을 살면서 무엇을 하려 하는지' 등의 물음을 던지는 식으로 깊이 파고들어 갈 필요가 있다. 깊이 들어가지 못하고 '그냥'이라는 대답이 나오면 진로를 바꾸는 것도 옵션이지 않을까 생각해 본다.

**"Reality is wrong.
Dreams are for real."**
현실은 틀렸다. 꿈이 진짜다.

– 투팍 샤커Tupac Shakur, 가수

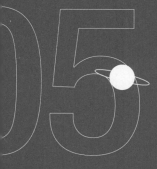

꿈을 좇아 보니
보이는 것들

쉬운 길은 없다

2015년 어느 날, 조지타운 대학 로스쿨 학생들과 술자리를 함께한 적이 있다. 미국으로 컴백한지 얼마 되지 않은 때였다. 3년 과정 중 2학년인 학생들이어서 졸업 후 진로에 대한 이야기를 나누게 되었다. 그중 꽤 많은 학생들이 조세 전문 변호사를 생각하고 있었다. '다들 세금에 대한 관심이 많구나!'라고 생각하는 차에 한 학생의 말이 들렸다.

과연 쉬운 커리어가 있을까?

"남북한 문제와 북한의 인권 문제 등에 영향을 줄 수 있는 변호사가 되려고 로스쿨에 왔는데……."

그래서 내가 물었다.

"그러면 왜 그 길로 가지 않고 조세 전문 변호사가 되려고 하나요?"

"아… 그쪽 변호사는 되기가 힘들어요, 된다 해도 잘 하기도 힘들고요."

어려운 사람을 도와주는 변호사가 되어 세상에 기여하는 일이 어렵고 힘들어서 다른 방향으로 간다는 것이 조금 아쉬웠다. 조세 전문 변호사가 나쁘다는 얘기는 아니다. 다만 그 학생이 꿈꾸었던 것이 변한 게 아쉬웠다.

이 학생처럼 자신이 하고 싶은 일이 있거나 가고 싶은 길은 있는데, 그 과정이 어렵고 힘들고 또 미래가 보장되지 않아 그 길을 가지 않는 사람들이 많다. 셰프가 되고 싶은데 레스토랑 셰프는 어려울 것 같아 사무직으로 취업 준비를 하는 경우도 있다. 마음 한 구석에는 간절하게 패션 MD 일을 원하지만 현재의 연봉을 포기하면 생활이 힘들 것 같아서 다니던 컨설팅 회사를 계속 다니는 사람도 있다.

자기 사업을 하고 싶지만 그 과정이 힘들어 공무원시험을 준비하는 등 우리 사회는 어려워 보이는 길로 가지 않으려는 경향이 있는 것 같다. 또한 어려운 길은 안정적이지 않다고 생각한다.

틀린 생각은 아니다. 한 레스토랑의 셰프가 되기 것은 쉽지 않다. 셰프가 되기 위해서는 전문적인 기술도 필요하고, 센스도 필요하고, 노력도 해야 한다. 그리고 주방의 허드렛일부터 시작해서 경험도 쌓아야 한다. 더 나아가 요식업계 모든 학생들이 셰프가 되는 것도 아니다. 패션업계 MD 일도, 사업을 시작하는 것도 어렵고 불안정하다고 느낀다.

하지만 반대로 생각해 보면 과연 쉬운 커리어가 있을까? 회사의 사무직으로 일하는 직원도 힘들다. 대학 내내 열심히 공부해야 하고, 어려운 시험을 통과하거나 인턴 사원을 거쳐야 한다. 험난한 과정을 거쳐 직원이 되고 나면 업무와 사회 생활에서 오는 스트레스를 감내해야 한다. 끊임없는 야근과 상사의 횡포 등을 경험하기도 한다. 다른 직원들과의 원만한 관계 유지와 소통에도 각별한 신경을 써야 하고, 어떤 경우에는 본인의 의지와 다르게 회사에서 요구하는 일을 억지로 해야 할 때도 있다. 또 한 단계 올라가면 더 막중한 임무와 책임을 지고 더 심한 경쟁 속에 하루하루를 견뎌 나가야 할지도 모른다.

내가 가고 싶은 길이 어렵게 느껴질 때

회사원의 길, 공무원의 길, 컨설턴트의 길. 모두 어렵다. 회사에 다니는 사람들에게 "직장 생활이 쉬운가요?"라고 물었을 때, "네, 쉬워요."라고 대답하는 사람은 별로 없을 것이다. 쉬운 직장, 쉬운 커리어, 쉬운 길은 없다. 그렇기 때문에 '그건 좀 힘들잖아!', '그건 현실적으로 어려워!' 같은 생각은 본인에게 별 도움이 안 될 것 같다. 어딜 가든 힘든 것은 사실이고, 그런 생각을 하면 할수록 본인이 가고 싶은 길을 못 가지 않을까 생각한다.

내가 가고 싶은 길을 생각할 때는 그 길이 어려워 보이고, 미래가 확실하지 않아서 불안정하게만 느껴진다. 반대로 사회의 흐름을 따라 사무직에 취업하면 조금 덜 어려워 보이고, 안정적일 것 같다는 생각이 든다. 그래서 덜 힘들 거 같은 방향으로 간다. 하지만 신기한 점은 우리 모두 여태껏 힘들게 열심히 살아 왔다. 대학교 때나 사회 생활을 할 때도 당시에는 쉽다고 생각하는 방향으로 갔지만, 쉽지만은 않았을 것이다.

내가 가고 싶은 길을 생각할 때는 목적지까지 도달하는 것을 생각하는 반면, 사회의 흐름을 따라 가는 것은 출발점만 보는 것이 아닐까? 예를 들어, 셰프의 길을 생각할 때는 커리어의 정점인 셰프가 되기 위해서 거쳐야 되는 어려운 과정들을 다 생각해서 힘들 것이라 느껴진다. 반면에 그냥 회사원이 되는 덜 어려워 보이는 길을 가는 생각을 할 때는 회사원이라는 커리어의 시작점인 입사까지만 보는 것은 아닐까? 진짜 힘든 것은 입사 후의 직장 생활인데 말이다.

혹은 내가 가고 싶은 길의 시작점이 조금 더 힘들어서, 과정을 이겨내고 정점을 찍는 것도 힘들 거라고 생각하는 것은 아닐까? 사회 경험을 많이 해본 사람들은 자신의 커리어, 사회 생활, 직장 생활이 쉽다고 생각하지 않는다. 다들 각자 주어진 삶 속에 자신의 길은 어렵고 힘들기 마련이다. 자신이 원하는 커리어를 시작하기에는 더 어려울 수 있어도, 시작만 하게 된다면 어느 커리어든 지속하기에는 똑같이 힘들다는 게 지금까지의 내 경험이다. 인권 변호사가 되는 길이 조세 변호사가 되는 길보다 조금 더 어려울 수 있다. 하지만 길게 봤을 때는 조세 변호사의 삶이 인권 변호사의 삶보다 쉽다고 할 수는 없지 않을까?

나도 우주정책을 공부하겠다고 마음먹기 전에 많이 머뭇거렸다. 공부를 그만 둔지가 8년이나 됐는데, 다시 시작하는 것은 어려울 것 같았다. NASA라는 곳에 입사해서 인류의 우주개발에 기여하고 싶었지만, 취업이 하늘의 별따기처럼 어렵다는 것을 알았다. 적지 않은 연봉을 받으며 생활했던 삶에 익숙해져 있다가 갑자기 학생으로 돌아가 생활한다는 것도 어려울 것이라고 생각했다. 이렇게 어렵고 힘들 것이라는 두려움 때문에 실천으로 옮기기를 오랫동안 머뭇거렸다.

모든 길은 똑같이 어려운 길

이렇게 내가 가고 싶은 길은 어려울 것이라는 생각만 하다가 문득 이런 생각이 들었다.

'만약 모건 스탠리에 계속 남는다면, 그 삶은 쉬울까?'

답은 'No'였다. 어느 회사나 그렇듯이 위로 올라갈수록 상급 직원이 줄어드는 피라미드식 조직 구조를 갖추고 있다. 내가 모건 스탠리에서 계속 근무하더라도 그 안에서 살아남기 위해 쉽지 않은 업무를 감당했을 것이다. 결코 쉬운 일이 아니었을 것이다.

이런 생각들을 품다 보니 내가 가고 싶은 길이 조금 덜 힘들게 느껴졌다. 그 길이 쉬워졌다기보다는 모든 길이 똑같이 어려운 길이라는 생각이 들자, 오히려 용기가 났다. 어느 길로 가더라도 어차피 어려운 것인데, 조금 더 어렵다고 해서 내가 원하는 길로 가보지 않는 것은 '내가 겁쟁이가 아닌가?' 했다.

걱정과 두려움에 휩싸여 선뜻 시작할 수 없었던 그 길을 가보니, 정작 생각만큼 어렵지는 않았다. 오랜만에 하는 공부지만 시간이 조금 지나다 보니 익숙해졌다. 심지어 내가 좋아하고 관심 있는 분야의 공부를 하니 더 열심히 하게 되었고, 결과도 좋았다. 높은 연봉을 포기하고 수입이 훨씬 적은 학생의 삶을 살게 되면 힘들 것 같았지만, 그것도 익숙해졌다. 조금 더 절약하고, 조금 더 신경을 쓰고 살아도 충분히 만족하고 즐거운 삶을 살 수 있다는 것을 알게 되었다. NASA라는 '넘사벽'으로만 느껴졌던 꿈의 직장도 그런 노력 끝에 들어갈 수 있게 된 것이다.

원하는 일을 하면서 생긴 장점들

더 나아가 내가 원하는 것을 하다 보니 장점이 많아졌다. 우선 하는 일의 성과가 향상됐다. 나는 모건 스탠리에서 에이스가 아니었다. 일을 탁월하게 잘 해내지 않았다. 오히려 내 실수로 인해 팀이 야근을 한 적도 있다. 내 장점은 일을 잘하는 것보다 사람들과의 관계가 좋았던 것이다. 이러한 성과로는 부장은커녕 차장이 되기도 힘들었을 것이다. 그랬던 내가 NASA에서는 팀원들과 윗사람들 모두가 인정할 정도의 성과를 낸다. 모건 스탠리에서 하던 일이 NASA에서 하는 일보다 어려운 건 절대 아니다. 내가 좋아하는 일을 하니 더 열심히 하고, 그에 따라 성과도 얻게 된 것이다.

두 번째는 자신감이 생겼다. 기존에 어렵다고 생각했던 일을 성취하고 나니 더 어려운 일도 할 수 있을 것 같다는 자신감이 생겼다. 새로운 도전을 할 때 전처럼 걱정과 두려움이 앞서는 것이 아니고 '이것도 할 수 있다!'라는 생각이 든다. 그래서 한 발짝 내밀기가 더 수월해졌다.

일도 그렇고 삶도 그렇지 않을까?

석사 과정을 마치고 NASA에서 일하는 중에 '박사 학위가 내가 원하는 것인가?'라는 고민을 할 때가 있었다. 나는 'Pardee RAND Graduate School'이라는 대학원을 생각하고 있었다. 주위 사람들은 "야~ 그 학교 엄청 어렵다던데······.", "그 학교 들어가서도 엄청 힘들게 공부해야 한다던데······."라고 말했다. 하지만 정작 나는 '이렇게 어려운 것을 내가 할 수 있을까?'라는 생각은 하지 않았다. 여태껏 내가 왔던 길도 결코 쉽지 않은 길이었다는 것을 알기 때문이고, 그 어려운 길들도 잘 걸어 왔기 때문이다.

박사 학위는 어렵다. 절대로 쉬운 것이 아니다. 하지만 이 길을 가면 거기에 적응이 되고, 또 살아남을 것이라고 생각한다. NASA에서 일하는 것도 어렵다. 석사도 어려웠다. 모건 스탠리도 쉽지 않았고, 학부 공부도 쉽지 않았다. 내가 모건 스탠리에서 나오지 않고 계속 근무했다면, 그것도 어려운 삶이었을 것이다. 모건 스탠리가 아니고 어디에서 일하든, 무슨 일을 하든 쉬운 삶은 없다. 처음에는 덜 어려워 보이는 방향도 실제로 가보면 본인의 역량이 그 정도에 맞추어져 어려워지는 것이 아닐까?

이쪽으로 가든 저쪽으로 가든 다 어렵고 힘든 일이니 본인이 좋아하는 일로 시작하는 것이 현명하다고 믿는다. 내가 원하는 일, 내가 좋아하는 일을 하면 그렇지 않은 일을 할 때보다 더 잘하게 된다. 자연스러운 현상이다. 하고 싶지 않은 외국어 공부를 할 때보다 좋아하는 이성에 대해 공부할 때처럼, 일도 그렇고 삶도 그렇지 않을까?

There is no easy way out in life. So, you might as well take the way you want to take.

김칫국 마시기

나를 잘 아는 사람들은 나의 엉뚱한 특징을 안다. 나는 김칫국을 잘 마신다. 심지어 사발로 마신다. 내가 기대하는 일이 있을 때 그 일이 실제로 이루어질지 여부가 결정이 나기도 전에 그 일이 일어나면 어떻게 해야 하는지에 대해 많이 생각한다. 20대 후반에 얻은 특징이지만 나에게 많은 도움이 되었다.

2015년 12월, 모건 스탠리에서 근무하는 중에 석사 학위를 위해 조지워싱턴 대학에 지원했다. 지원 준비를 하던 2015년 2월부터 진학 여부가 결정되는 다음 해 2월 말까지 합격이 되면 어떻게 할 것인지에 대한 시나리오를 종종 머릿속에 그려 갔다. 회사에 퇴사 통보는 어떻게 할 것이며, 퇴사는 언제 할 것이며, 어떠한 경로로 미국에 돌아갈 것이며, 한국에 있는 짐을 미국까지 어떻게 보낼 것이며, 학교가 있는 워싱턴 D.C.의 집값은 얼마이며, 퇴사로 인해 현재 맡은 프로젝트에는 어떠한 영향이 있을 것이고, 그 영향을 어떻게 최소화 할 것인지 등에 대해 틈틈이 생각했다.

가까운 몇몇 친구들에게 이러한 계획을 말하면 "에휴~ 또 김칫국 마셔?"라고 말했다. 물론 이런 식으로 김칫국을 마시는 것이 쓸 때 없다고 생각할 수도 있다. 하지만 나는 김칫국을 마시는 것으로 두 가지 이득을 얻었다.

첫 번째는 긍정적인 사고다. 내가 가고 싶은 대학원에 진학하는 것, 내가 가고 싶은 회사에 취업하는 것, 내가 원하는 이성과 연애하는 것 등 내가 원하는 결과가 현실로 이루어지는 생각을 하면 뇌에서 도파민이라는 호르몬이 나와서 기분을 좋게 해주고, 스트레스 레벨을 낮춰준다. 이런 이유로 많은 학자들은 어느 정도의 몽상day dreaming을 권고하기도 한다. 내가 이루고 싶은 일에 대해 몽상을 하면 기분이 좋아진다. 그로 인해 조금 더 긍정적으로 생각하게 되는 효과가 있다.

두 번째는 미리 생각해 두는forward thinking 것이다. 내가 원하는 일이 이루어지면 그 후에 따라오는 것들을 곧바로 행동으로 옮겨야 할 때가 많다. 예를 들어 취업을 하면 지역에 따라 이사를 해야 할 수도 있고, 회사 직무에 맞는 옷들을 사야 할 수도 있다. 이직이라면 현 회사에 통보를 해야 하는 등 라이프 스타일이 완전히 바뀌어야 되는 일들이 있다. 원하는 일이 이루어졌다고 해서 더 이상 내가 해야 하는 일들이 없는 것은 아니다. 그 일이 이루어짐으로써 내 삶에는 변화가 오고, 나는 또 무엇인가를 해 나가야 된다.

하지만 세상은 나에게 올 변화를 내가 원하는 기간 동안 차분히 받아들일 수 있는 편리를 허락하지 않는다. 적어도 김칫국을 마시면 머릿속에 이미 시나리오를 그려 놓았기 때문에 추후의 일들이 수월해지고, 우왕좌왕하며 보내는 시간을 최소화할 수 있다. 물론 세상이 내가 머릿속에 그린 대로 움직이지는 않는다. 그래도 어느 정도 미리 구상을 해놓고 행동하는 것과 아무런 준비가 되지 않은 백지 상태에서 행동하는 것에는 큰 차이가 있다.

나는 이 책을 쓰기 3년 전부터 언젠가는 책을 쓰고 싶다는 생각을 꾸준히 해왔다. 그런 이후 가끔씩 시간이 날 때마다 어떤 글을 쓸지 생각해 보곤 했다. 목차도 생각해 보고, 제목도 생각해 보고, 내 생각을 다듬어 줄 수 있는 글들을 모아 읽어 보는 등 김칫국을 마셨다. 아는 출판사가 있는 것도 아니었고 딱히 남들보다 특별한 경험을 한 것도 아니었기 때문에 그때는 말 그대로 몽상일 뿐이었다.

그러는 동안 NASA에 취업했고, 대학생들을 상대로 강연도 시작했다. 주위에 있는 후배들의 멘토 역할을 자임하면서 이 책을 쓰기에 이르렀다. 출판사와 처음으로 이 책에 대한 대화가 오갈 때, 내가 했던 몽상들은 큰 도움이 되었다. 틈틈이 머릿속에 기본 틀을 잡아 놓았기 때문에 출판사와의 일은 꽤나 빠르게 진행되었다. 자칫하면 흐지부지하게 일이 진행되거나 중간에 일이 틀어져서 책을 못 쓰게 되었을 수도 있다.

지난 몇 년 동안 김칫국을 마시는 특징 덕분에 나는 원하는 일이 이루어졌을 때 준비가 되어 있는 상태였다. 그래서 기회를 놓치지 않을 수 있었다.

매일 매일 실천하고 배우며

2016년, 메릴랜드 주립대학에서 한인 학생들을 대상으로 '하고 싶은 일 찾기'를 주제로 강연할 기회가 있었다. 강연을 해본 경험이 몇 번 없어서 많이 떨었고, 하고 싶은 말의 반조차 못한 아쉬운 강연이었다. 하지만 강연이 끝난 후, 국제무역에 관련된 일을 하고 싶다던 한 학부 학생과 나누었던 대화가 기억에 남는다.

몽상을 현실로 바꾸는 실천

그 학생의 고민은 국제무역에 관련된 일을 하고 싶어서 세계은행 World Bank이나 국제통화기금IMF 같은 곳에서 일해 보고 싶은데, 어떻게 시작해야 할지 막막하고 너무 어렵다는 것이었다. 그래서 학생에게 되물었다.

"어렵다고 생각하는 부분이 뭐죠? 그런 기관들에는 어떻게 들어갈 수 있는지 알아봤어요?"

"음… 보통은 석사나 박사 학위가 있거나, 아니면 다른 작은 기관 또는 정부기관에서 일하다가 가는 경우도 많더라고요."

"그럼, 그렇게 하면 될 것 같은데요? 나보다 방법을 잘 아는 것 같은데……."

"아… 그렇긴 한데… 그게 너무 어려워서 걱정이에요."

자신을 돌아볼 수 있던 대화였다. 나도 막연히 NASA에서 일하고 싶다는 생각만 오랫동안 했지, 실제로 어떻게 들어갈 수 있는지는 몰랐다. NASA에 들어가고 싶다는 희망만 가지고 있었지, 입사하는 과정을 생각해 본 적은 없었던 것이다. 또한 우주개발 쪽에서 일해 보고 싶다는 생각이 들 때마다 그쪽으로 갈 수 있는 과정은 무엇인지 생각하지 않고, 항상 그쪽에서 이미 일하고 있는 내 모습을 상상했다. 그렇게 몇 년을 생각만 하고 정작 그 몽상을 현실로 바꾸는 실천은 사실 없었다. 지금에 와서 생각해 보면 가만히 앉아서 먼 산만 바라보며 어떻게 넘어갈 지는 생각하지 않고 넘어가면 좋겠다는 생각만 줄기차게 한 것과 다름없었다.

과정이 없는 결과는 없다

금융학을 전공하는 후배들 중 공부를 귀찮아하고 힘들어 하면서 증권가에서 일하고 싶어 하는 학생들이 많다. 물론, 그 시절엔 나도 그랬기에 충분히 이해한다. 하지만 학교에서 지식을 쌓고 과제를 통해 커뮤니케이션 스킬과 리포팅 및 프레젠테이션 스킬을 키우지 않으면 증권가에 발을 내딛기는 불가능하다. 그렇기 때문에 학교를 다니는 것이 증권가로 가는 과정이라고 믿고, 이러한 과정들을 통해 최대한 많이 얻어내야 하는 것도 사실이다. 그리고 설사 이러한 과정을 통하지 않고 증권가로 가더라도 살아남기는 어려울 것이며, 이는 아마 모든 분야가 같을 것이다.

눈앞에 있는 과정들은 실행해 나가지 않고 멀리 있는 목표만 바라보는 것은 모순이다. 사람들은 원하는 방향으로 가기 위한 과정이 필요하다는 것을 알지만, 결과만을 갈망하고 과정은 겪고 싶지 않으려 한다. 하지만 과정이 없는 결과는 없다. 누구든 자신이 원하는 삶을 살고, 자신이 생각하는 성공을 이루고 싶을 것이다. 하지만 그것을 이루기 위해서는 많은 과정을 거쳐야 하고, 시작점 앞에서 볼 때는 그 과정들은 너무나 벅차고 힘들게만 보일 것이다.

맞다. 힘들다. 쉽게 성공하는 사람은 없고, 성공하는 사람들은 수많은 시행착오와 노력을 거친다. 성공은 결코 쉽게 오는 법이 없다.

걱정만 해서는 원하는 꿈을 이룰 수 없다

다행히도 불가능은 아니다. 국제무역기관의 사례를 보더라도 그렇다. 입시 준비를 통해 대학원을 가서 우수한 성적을 유지하고, 여러 인턴십도 경험하고, 비판적 사고방식을 연마하여 생각의 폭을 넓이다 보면 조금씩 기회에 다가갈 수 있다. 그리고 네트워킹에도 심혈을 기울여 여러 관련 기관들에 대한 정보를 수집하는 등 엄청난 노력을 거치다 보면 세계은행이나 국제통화기금 같은 기관으로 갈 수 있는 여건이 주어진다. 국제무역 기관에서 일하기 위해 갖추어야 하는 자격 조건들을 보면 버겁고 불가능해 보일 것이다. 하지만 한 가지 분명한 사실은 힘들 것 같다는 생각만 하고 걱정만 해서는 원하는 꿈을 이룰 수 없다는 것이다.

지금부터 매일 조금씩 거쳐 나간다는 생각으로 하루하루를 지내다 보면, 어느 순간 버겁기만 했던 것들이 하나둘씩 완료되어 있을 것이다.

나는 NASA에 입사하기까지 많은 노력과 과정을 거쳐야만 했다. 대학원 입시 준비부터 시작해 NASA에 입사하는 과정까지 거쳐야 했던 관문들도 많았다. 만나야 되는 사람들과 내가 습득해야 했던 지식 및 스킬 그리고 NASA 입사 전 면접에서 수없이 고배를 마셨던 시행착오 등등. 이 모든 것들은 한 번에 한 것이 아니라 2년이라는 시간을 거쳐 매일 조금씩 해왔다. 그렇기 때문에 정작 행동으로 옮겼던 나에게는 벅차지 않았다.

자신만이 경쟁 상대가 될 때
앞으로 나아간다

"누구는 비트코인으로 몇 억 벌어서 집 샀다더라… 맥 빠져서 일 못하겠다. 에휴……."

"내 친구 아들은 이번에 취업해서 엄마한테 용돈 준다더라."

"다른 애들 여자 친구는 다 이렇게 하는데, 넌 왜 이렇게 못해 줘?"

"네 형은 공부 잘해서 좋은 데 취업했는데, 너는 어떡할래?"

"그 친구는 얼마 전에 BMW 샀다더라. 우린 언제 사냐?"

"쟤네 신혼집이 강남에 있는 40평짜리래. 우린 그렇게 할 수 있을까?"

누군가와 비교 당했을 때의 박탈감

우리가 살면서 한 번씩 해보았거나 들어보았을 법한 얘기들이다. 나보다 잘 나가는, 잘 사는, 또는 무엇인가를 더 잘 하는 누군가를 자신과 비교해 상대적 박탈감을 느끼게 만드는 말들이다.

안타깝게도 우리는 어렸을 때부터 비교를 당하며 산다. 부모님이 그러시던, 선생님이 그러시던, 집안 어른들이 그러시던, 친구들이 그렇든 간에 우리가 자라나는 환경 자체가 남들과 비교하는 환경이다. 또한 사회에서도 외모, 돈, 직업 등 삶의 외적인 것이나 드러난 결과로만 개인을 판단하곤 한다.

나 역시 그런 비교 속에서 어린 시절을 보냈다. 철이 들면서 외적인 비교 대상이 될 때마다 자신을 되새기려고 온갖 노력을 다했다. 내 인생의 우선순위가 무엇인지, 정말 중요한 것들이 무엇이며, 내게 꼭 필요한 비교 대상은 무엇이 되어야 하는 건지 그리고 보이는 게 다가 아니라는 것을.

우리 모두는 행복해지기 위해 산다. 그런데 타인과 자신을 비교할 때 눈에 보이지 않는 불행과 고통을 고려하지 않는 경우가 많은 것 같다. 많은 사람들이 부자들을 부러워하지만 정작 그들의 삶이 어떠했는지 혹은 그들의 고통은 어떤지에 대해서는 주목하지 않는다. 오로지 돈이 많기 때문에 그들의 부를 부러워하는 경우가 많다.

개인적으로 친분이 있는 부자들을 보면서 그들에게는 인생에 대한 또 다른 고민들이 있다는 것을 알게 되었다. 숱한 시련을 이겨내고 5백억 자산을 모은 한 사업가는 1990년대 초반 사업이 망해 재기 불능에 가까운 시간을 보내야 했다. 그 와중에 사랑하는 배우자와 사별하는 일까지 겪었다. 그 어려움들을 다 겪은 후에야 현재의 자산을 이루었다. 과정도 힘들었지만, 지금은 자녀가 자신이 원하는 대로 성장하지 않아 심한 스트레스를 받으며 살고 있다. 강남역에 큰 빌딩을 가진 사업가의 아들인 내 친구는 아버지의 압박과 기대감 때문에 심한 스트레스를 받으며 하루하루 힘들게 살고 있다.

사람들은 보이는 것만 부러워한다

인스타그램에서 많이 보이는 예쁘고 잘 생긴 사람들도 겉보기에는 해외여행만 다니고, 비싼 차를 타고, 항상 웃으며 지내는 것 같지만 그 사람들은 '좋아요'를 얻기 위해 엄청난 마음고생을 한다. 새로 올린 포스팅이 이전의 포스팅보다 '좋아요'가 적으면 마음을 졸이며 스트레스를 받는다. 그 '좋아요'가 없으면 자기가 누리는 모든 것이 없어질 것 같은 조바심 때문일 것이다.

별 것 안 하고 앉아서 돈을 벌 것 같은 유투버도 하루에 10시간 이상 콘텐츠 제작과 편집에 시간을 보내며 구독자를 늘리고, 뷰view를 높이기 위해 스트레스를 받으며 산다. 쉽게 이루는 것들이 아니고 엄청난 노력이 만들어내는 결과물이지만, 대부분의 사람들은 보이는 것만 부러워하는 경향이 있다.

오늘의 나를 어제의 나와 비교하자

타인의 삶이 좋아 보이고 부러운 이유는 내가 없는 것을 가지고 있는 것처럼 보이기 때문일 것이다. 하지만 그 사람들도 자기만의 고충과 고민과 어려움을 가지고 살아간다.

보이는 것으로만 또는 본인이 추측하는 것으로만 누구를 판단하며 자기 자신과 비교하는 것은 자기 인생의 100%를 다른 사람의 장점 1%와 비교하는 것이라 생각한다. 다른 사람들의 인생을 전체적으로 살펴보면 모두가 깊은 고통과 시련을 안고 살아가고 있음을 어렵지 않게 알 수 있다. 어쩌면 자신의 인생이 타인보다 더 낫다는 생각을 하게 될지도 모른다.

그리고 우리는 우리 자신을 남과 비교할 때 자산은 A와 비교하고, 외모는 B와 비교하고, 직업은 C와 비교하고, 학벌은 D와 비교하고, 가정의 화목함은 E와 비교하는 방식으로 할 때가 있다. 사안에 따라 비교 대상이 바뀌지만 변하지 않는 건 항상 자신과 비교한다는 것이다. 어찌 보면 자신에게 일방적으로 불리할 수밖에 없는 불공평한 비교다. 좋아 보이는 다수의 1%들만 모아놓은 머릿속에 '누군가'와 경쟁하는 것은 미련한 방법이지 않을까? 그러니 남과 비교하는 것은 전혀 도움이 되지 않는다고 생각한다.

대신 오늘의 나를 어제의 나와 비교해 보는 건 생산적이다. 우리 모두는 자신이 원하는 내가 있다. 꿈, 목표, 직업, 건강, 성격, 관계, 습관, 기술 등 이루거나 고치거나 바꾸거나 터득하거나 연마하고 싶은 것이 있다. 그런 것을 이루기 위해서는 내가 하고 싶은 일을 위한 공부, 살을 빼기 위한 운동, 안 좋은 성격이나 습관을 고치기 위한 변화, 흐트러진 관계를 고치기 위한 용기, 완벽히 해내기 위한 연습과 같은 노력이 필수적이다.

나 자신만이 경쟁 상대가 될 때 앞으로 나아간다

어제의 나와 비교하는 것은 내가 원하는 내가 되기 위해 현재의 내가 어제의 나에 비해 무엇을 더 했는지를 돌이켜 보는 것이다. 사소한 일이라도 내가 하고자 했던 것을 이루었는지, 내가 싫어하는 성격이나 모습을 조금이라도 바꾸었는지, 꿈을 향해 조금이라도 실천을 했는지, 결심했던 것을 지켰는지 등을 살피는 일이다. 어제의 나와 오늘의 내가 똑같으면, 이는 분발해야 한다는 신호일 것이다.

우리는 상대적인 행복이 아닌 절대적으로 행복해지기 위해 살아가고 있다고 생각한다. 자신과 똑같은 삶을 살아온 사람은 없을 것이다. 부분적으로 보았을 때는 나보다 뛰어난, 나보다 잘난, 나보다 잘하는 사람은 항상 있기 마련이다. 그런 사람들과 경쟁해서 상대적으로 행복해지려는 것은 참으로 가치 없는 행동이 아닐까?

인생은 남을 위해 사는 것이 아니니 남과 비교할 필요도 없고, 남과 경쟁할 필요도 없을 것 같다. 나 자신만이 나의 경쟁 상대가 될 때 앞으로 나아간다고 믿는다.

"Many people dedicate their lives to actualizing a concept of what they should be like, rather than actualizing themselves. This difference between self-actualization and self-image actualization is very important. Most people live only for their image."

많은 사람들이 자기 자신의 그대로를 이끌어 내
실현하는 것보다 (남들의 시선에 맞추어) 어떠한 사람이 되고자 하는
생각을 이끌어내 실현하는 것에 삶을 바친다.
자기를 실현하는 것과 자기 이미지를 실현하는 것의 차이는 매우 중요하다.
대부분의 사람들은 보이는 이미지만을 위해 산다.

– 이소룡, 영화배우

내가 선택한 것은
내가 책임져야 한다

우리는 인생을 살며 정말 많은 사람들과 관계를 형성한다. 학교에서 사귄 친구들, 사회에서 만난 사람들, 혈연이나 지연 등으로 연결된 사람들. 거기에 개인적인 관계가 아닌, 각자가 속해 있는 조직이나 기관 안팎의 공적인 관계도 있다. 한 명 한 명 수도 없이 많은 줄로 연결되어 있으며, 작은 시스템들이 모여 더 큰 시스템을 만들고 있다.

외적 환경을 거론하며 불평을 늘어놓는 사람

또 그 사이에도 매우 복잡한 관계들로 연결되어 있다. 어찌 보면 너무나 많은 관계들이 우리 삶을 지배하고 있다고 해도 과언은 아닐 것이다. 또 이런 관계들이 서로 연관되고 여러 형태로 뒤엉켜 복잡성이

심화되기도 한다.

많은 사람들이 이러한 의존성과 복잡함 때문에 외적 환경을 거론하며 불평을 늘어놓기도 한다. 부모가 돈이 없어서, 집안 형편이 안 좋아서, 엄마 때문에, 아빠 때문에, 동생 때문에, 친구 때문에, 상사 때문에, 후배 때문에…… 일이 잘 안 풀리고 삶이 힘들 때, 자신의 잘못을 인정하기보다는 환경 탓으로 돌리는 경우도 종종 보게 된다. 더욱이 연인을 위해서, 가족을 위해서, 친구를 위해서 내가 정말 하고 싶은 것과 다른 방향으로 결정할 때도 있다. 자신은 이만큼 했는데 왜 상대는 원하는 것을 안 해주는지 이해할 수 없다며 부모와 주위 사람들을 원망하고 공격하기도 한다.

하지만 다른 방식으로 생각해 본다면 이유가 무엇이든 간에 자신이 한 행동은 본인이 결정한 것이다. 사람들이 좋다고 얘기하는 기업에서 회사 생활을 시작했는데, 그곳에서 업무에 대한 스트레스를 받거나 본인이 원하지 않는 방향으로 삶이 흘러가는 것도 결국 자신의 선택에서 발생한 일이 아닌가? 남에게 바라는 것만큼 돌아오지 않는 것도 그만큼 바라는 자신의 마음에서 생겨나는 문제일 것이다.

내가 내린 결정이기에 그 책임 또한 나

물론 본인의 의지와 달리 강압적인 상황에서 일어나는 비도덕적인 일이나 불법적인 일은 본인 탓이 아니겠지만, 자신의 결정으로 일어나는 상황에서 누군가를 탓하는 것은 삶의 컨트롤을 잃어버린 것이라 생각한다.

인생의 컨트롤을 잡기 위해서는 자신의 행동과 결정으로 생겨난 인생 문제를 남 탓으로 돌리지 않고 본인이 전적으로 책임진다는 전향적인 자세가 필요하다고 생각한다. 결국 내가 내린 결정이니까 후에 일어나는 일에 대한 책임 또한 나의 몫이다. 이렇게 인생에 대한 책임을 본인으로 돌릴 때, 긍정적인 변화를 기대할 수 있다고 생각한다.

첫 번째는, 행동에 대해 더 깊게 생각하게 될 것이다. 인생의 CEO가 자신이기에 기업 CEO들이 그러듯이 함부로 말하거나 행동하는 일이 줄어들기 마련이다. 삶이 원하는 방식으로 흘러가지 않을 때 전적인 책임을 본인이 지기 때문에 보다 신중하고도 사려 있는 판단을 하게 될 것이다. 이런 진중한 자세와 비판적 사고는 반복적인 훈련을 통해 그 사람을 더욱 단련시키고, 성공으로 이끌어 갈 수 있다고 생각한다.

두 번째는, 인생을 본인이 책임지는 것이기에 타인 때문에 하는 일들이 적어지고 나를 위해 하는 일들이 많아진다. 많은 이해관계에 얽혀서 이를 유지하려고 살아가는 것보다 인생 책임자인 자신을 먼저 생각할 수 있을 것이다. 부모님이 자신의 인생을 책임져 주는 것이 아니기 때문에, 그분들의 기대에만 맞추어 살아가는 것보다 자신이 원하는 인생을 먼저 생각하게 된다. 자신을 위한 생각이 많아지면 더 큰 미래를 위해 결단할 수 있는 용기가 더욱 커질 것이다.

세 번째는, 남에게 의지하려는 생각을 크게 줄일 수 있다. 최선을 다하지 않고서 "아, 교수님이 잘 해주셔야 되는데……", "부모님이 허락하셔야 되는데……", "승인이 나야 되는데……"라는 식의 의존을 최소화할 수 있을 것이다. 자신이 잘해서 부모님이든, 교수님이든, 직장 상사든 모두 오케이를 할 수밖에 없도록 일해야 한다는 자립심이 높아질 것이다. 자존감이 높아지는 과정이기도 하다.

문제가 나에게서 시작되면 내가 바꿀 수 있다

물론 인생이 혼자서만 잘한다고 잘 살 수 있는 것은 아닐 것이다. 그렇지만 여기저기 부탁하며 도움을 받거나, 그것 없이는 살아갈 수 없는 인생이라면 자신이 원하는 대로 살아가는 건 힘들 게 뻔하다.

사람들은 자신이 누군가에게 준 것이 있으면 보상 심리가 생겨 어떤 방식으로든 돌려받으려고 한다. "야, 내가 그때 그렇게 해줬는데 이거 못 해줘? 그때 내가 너 때문에 얼마나 힘들었는데, 지금 나한테 이럴 거야?" 이런 상황은 흔하게 있는 일이다. 결국 이런 상황 때문에 타인에 의해 움직이고, 자신의 인생 컨트롤은 잃어버린 채 남의 인생을 살게 될 것이다.

내 인생의 문제들이 나에게서 시작된다는 것은 아주 다행스런 일이될 것이다. 이 세상에 유일하게 자신의 컨트롤 안에 있는 것은 자신의 행동과 생각 그리고 자신뿐이다. 문제가 나에게서 시작되면 내가 바꿀 수 있고, 변화시킬 수 있고, 고쳐 갈 수 있다.

> "환경은 나에게 주어지는 것이기도 하지만,
> 내가 또 만들어 가는 것이기도 합니다.
> 주어진 환경이 나쁘다고 불평만 하면서
> 끊임없이 피해의식 속에 빠져 있지 말고
> 내 인생의 운전대를 내가 쥐고 작은 것부터
> 바꾸어 보자 마음먹으세요. 파이팅!"
>
> – 혜민 스님

모두가 행복할 수 있는
기회가 주어지는 사회

현재 내 꿈은 좋아하는 일을 통해 우리 사회가 옳은 방향으로 변화하는 데 힘을 보태고, 가치 있는 일을 실천하는 것이다. 대통령이나 대기업 CEO 같은 높은 자리에서 명예나 부를 얻어 영향력을 행사하는 그런 꿈과는 거리가 있다. 또한 나의 커리어 정상에 올랐을 때 이루고 싶은 꿈이 아니라, 평생 동안 지속해서 이루고 싶은 꿈이다. 나는 세상을 바꾸고 싶고 지금도 바꾸기 위해서 노력하고 있다.

세상을 바꾸는 방법은 생각보다 어렵지 않다고 생각한다. N명의 인구로 세상이 이루어져 있다면, 나는 1/N%가 된다. 이 정의대로라면 내가 변하는 것만으로도 세상의 1/N%가 변하는 것이다. 세상을 변화시키는 방법 중 하나는 나부터 변화를 실천하는 것이다. 세상을 좋게 만들 수 있는 아이디어가 있거나, 변화가 필요하다고 생각한 것이 있으면 "남들 다 안 하는데 나만 해서 뭐해?"라고 생각하지 말고 "나라도 해야지."라는 생각으로 실천하면 세상이 그만큼 좋아진다고 믿는다. 내가 믿는 변화에 울림이 있을 것이고, 그 울림은 내가 살면서 마주치는 사람들에게도 전파될 것이라 믿는다. 또 1/N%가 조금씩이나마 커질 것이라고 생각한다.

이런 꿈들을 꾸면서 나는 내 삶에 바탕이 되는, 지키고 싶은 신념이 몇 가지 생겼다. 이 신념들은 어렸을 때 들었던 이솝우화 같은 스토리텔링이나 부모님께서 가르쳐 주신 교훈들이기도 한다. 또한 너무나 당연한 덕목이다.

우선, 착하게 살기이다. 아직 아빠가 되지 않았지만 감히 추측하자면 모든 부모는 자식이라는 존재가 이 세상에 태어나는 순간 그 자식이 착하고 바른 사람으로 자라기를 바랄 것이다. 그 어떤 부모도 자식이 악한 사람으로 크기를 바라지 않을 것이라 생각한다.

하지만 안타깝게도 나이가 들고 사회를 경험하면서 착하게 살면 피해를 입을 수 있는 거친 세상에 적응하는 과정에서 조금씩 그 선함이 없어지곤 한다. 오히려 거짓말, 욕망, 욕구로 이어진 삶을 통해 다른 사람들에게 피해를 입히고, 개인적인 이득이나 희열을 얻는 것이 우리 사회의 어두운 단면이기도 하다.

세상이 그렇다 하더라도 나는 이 세상 사람들이 착하게 살아가는 것을 희망한다. 좀 이상적인 생각이긴 하지만 그런 세상이 훨씬 더 아름답고 살기 좋은 세상이기 때문이다. 그래서 내가 실천함으로써 그 세상에 조금 더 가까이 간다고 믿는다.

메릴랜드에 있는 아름다운 감리교회의 안계수 목사님은 "죄를 짓지 않는 것만으로 만족하지 말고 선을 행하지 않는 것을 죄로 생각하라." 고 말씀하셨다.

다음으로는, 긍정적으로 살아가기다. 긍정적인 에너지를 가진 사람은 가슴속에 미래를 품고 살아간다. 미래에 대한 희망이 있기에 오늘 하루를 열심히 살아가려 한다. 어려운 일이 닥치거나 본인이 생각했던 방향으로 가지 않을 때도 쉽게 좌절하지 않는다.

나는 오른쪽 눈이 보이지 않는다. 겉으로만 봐도 한쪽 눈이 불편하다는 것이 티가 날 정도다. 하지만 나는 긍정의 힘을 통해 그것을 이겨 낼 수 있었다. 사람들이 나를 볼 때 내 눈을 보는 것이 아니고 '나'라는 사람을 전체적으로 보게 만드는 것도 긍정적인 마인드의 힘이라 생각한다. 그러하기에 나의 장애가 내가 하고 싶은 것을 방해하는 걸림돌이 되지 못한다.

이렇게 긍정적인 떨림Positive vibration은 중요하다. 사람들은 긍정적인 느낌을 좋아하고 그것에 이끌린다. 긍정에는 강한 울림이 있고, 이러한 에너지는 사람들에게 신선한 떨림으로 다가가곤 한다. 거칠고 힘든 세상에서 항상 긍정적으로 생각하고 행동하기는 힘들지만, 노력할 만한 가치가 충분히 있다고 믿는다.

진심으로 살아가는 것도 매우 중요한 덕목이다. 원래 나는 하고 싶은 말보다 남이 듣고 싶은 말이 무엇인지를 먼저 생각했던 사람이었다. 남의 기분을 위해 눈치를 보았고, 진정성이 담긴 내가 아닌 남이 원하는 나를 만들어 가기에 급급했었다. 내가 진정으로 좋은 사람이 되기 위해 노력하지 않고 남이 나를 좋은 사람이라고 생각하게 만드는 데 애썼던 것이다.

이랬던 내가 모건 스탠리 퇴사를 결정할 수 있었던 이유 중 하나는 자신에게 진솔해지기 위해서였다. 진심으로 하고 싶은 일을 하기 위해서는 자신에게 솔직해져야 했다. 남이 정의내린 내 행복이 아닌 나만의 것을 찾고 싶었다. 그리고 이렇게 자신에게 진솔해졌을 때 돌아오는 대가가 삶에 대한 만족과 자신감 그리고 자존감인 것을 직접 경험했다.

이런 경험을 거친 후에야 나는 모든 관계에서 진솔하고 진정성 있게 대하려고 노력하기 시작했다. 진짜 마음으로 느끼는 말을 하고, 내 경험에서 우러난 진솔한 이야기를 하게 되었다. 그러자 사람들은 나를 더 이해하게 되었고 진솔함을 함께 나누려 했다. 물론 자신에게 더 떳떳하게 되었다.

내가 가장 좋아하는 말 중 하나가 진짜는 진짜를 알아본다는 'real recognize real.'이라는 말이다. 진짜가 되기 위해서는 진심이 최우선이다.

마지막으로는 사회에 이바지하는 삶이다. 20대 내내 모건 스탠리를 다니면서 벌었던 돈과 누릴 수 있던 모든 것들이 내가 잘 해서라고 생각했다. 하지만 세상을 겪어 볼수록 지금의 내가 있을 수 있는 이유는 나 이전에 고생과 헌신을 했던 사람들이 있기 때문이라고 생각된다.

우리는 공동체로 이루어진 집단 사회에 산다. 내가 있고, 가족이 있고, 친구가 있고, 사회가 있고, 국가가 있다. 그렇기에 혼자만 잘 산다고 행복한 것은 아니다. 물론 우선순위에는 차이가 있겠지만, 결국에는 이 모든 상호관계들이 함께 발전이 되고 안정이 유지돼야 개인이 행복할 수 있다고 믿는다.

대학원을 졸업하기 며칠 전 같은 시기에 대학교를 졸업하는 후배를 만나 깊은 대화를 한 적이 있었다. 그 후배에게 내가 느꼈던 삶의 이유, 일, 미래의 삶에 대해 얘기를 나눴었다. 졸업 몇 달 후 한국으로 돌아간 그 후배에게서 문자가 왔다.

형, 그날의 대화는 제 삶을 바꾸었어요. 사회가 말하는 성공의 개념인 돈, 명예, 권력에 대한 얘기만이 아닌 다른 가치관들을 다시 보고 정말 내 마음 깊은 곳에서 원하는 삶, 세상에 영향을 끼칠 수 있는 삶, 내가 진짜 원하는 것이 무엇인가에 대해 깊게 생각해 볼 계기가 되었어요. 저 또한 물질적인 목표가 아닌 이 땅에 살아가는 한 사람으로서 의미 있는 삶에 대해 다시 생각해 보게 되었고, 지금도 찾아가고 있는 과정을 생각하게 해주셨습니다. 감사드려요 정말.

사회가 요구하는 패턴의 삶, 그 안에서 전문가가 되려고 생각했던 삶이 아닌 '왜 사는가?'에 대한 부분에 머리가 띵했고 현재 제가 어떻게 긍정적인 영향을 끼칠 수 있는 사람이 되면서 살아갈 수 있을지 생각하고 살아가는 중입니다.

조지워싱턴 대학에서 보낸 4년 동안 선배 분들과 단 한 번이라도 이런 대화를 해본 적이 없었던 것 같습니다. 형과 대화를 할 때 너무 신선했고, 그 순간에 감사했고, 세상을 보는 시야를 바꿔 주셔서 감사했고, 지금도 감사합니다.

내가 생각하는 좋은 세상을 만드는 방식에 누군가가 동참한다는 것은 감사한 일이다. 나는 이 네 가지 신념을 토대로 좋은 세상을 같이 만들어 갈 사람들을 계속 만나고 싶다. 이유나 방식이 달라도 나와 같은 목적을 가지고 현재를 살아가는 사람들과 함께 모두가 행복할 수 있는 기회가 주어지는, 그런 사회를 만드는 데 내 삶을 던지고 싶다.

**"Truth and love will overcome
lies and hatred."**

진실과 사랑이 거짓과 증오를 이겨낼 것이다.

– 바츨라프 하벨 Vaclav Havel,
체코슬로바키아의 마지막 대통령이자 체코공화국의 첫 대통령